UN CHAPITRE INÉDIT

DE L'HISTOIRE DES

TOMBES ROYALES

DE SAINT-DENIS

D'APRÈS

LES DOCUMENTS CONSERVÉS AUX ARCHIVES NATIONALES

PAR J.-J. GUIFFREY,

Avec un Plan et deux Fac-simile de Dessins du temps.

1781-1787.

PARIS

HENRI MENU, libraire-éditeur du *Cabinet historique,*
et de la *Revue de Champagne et de Brie.*

—

M.D.CCC.LXXVI.

Ext. du Cabinet historique

LES TOMBES ROYALES

DE SAINT-DENIS

Tiré à cent vingt-cinq exemplaires,
dont 25 sur papier vergé.

UN CHAPITRE INÉDIT

DE L'HISTOIRE DES

TOMBES ROYALES

DE SAINT-DENIS

D'APRÈS

LES DOCUMENTS CONSERVÉS AUX ARCHIVES NATIONALES

PAR J.-J. GUIFFREY,

Avec un Plan et deux Fac-simile de Dessins du temps.

1781 - 1787.

PARIS

Henri MENU, libraire-éditeur du *Cabinet historique*,
et de la *Revue de Champagne et de Brie*.

—

M.D.CCC.LXXVI.

LES TOMBES ROYALES

DE SAINT-DENIS

A LA FIN DU XVIIIe SIÈCLE

La basilique de Saint-Denis, depuis que Louis XIV l'avait dépouillée de son titre abbatial pour en enrichir la maison de Saint-Cyr, était rapidement déchue de son antique splendeur. A la fin du siècle dernier, elle offrait l'image de l'abandon et de la ruine.

Les contemporains ont laissé peu de détails sur la situation précaire à laquelle se trouvaient réduites, vers cette époque, les maisons religieuses, le plus renommées autrefois par leurs richesses et leur prospérité. J'ai vainement demandé aux historiens de la vieille abbaye royale, comme aux écrits plus modestes destinés à satisfaire la curiosité superficielle des étrangers ou des passants, quelques renseignements précis sur les causes de cette décadence. Tous sont restés muets ; tous ont discrètement gardé le silence sur l'abandon impie d'un des monuments les plus précieux et les plus vénérés de la monarchie française.

Ce tableau fidèle, inutilement cherché dans les descriptions contemporaines, nous l'avons trouvé dans une correspondance administrative jusqu'ici enfouie dans les cartons des archives. Ces documents, dont l'existence nous a été signalée par l'obligeance de M. Boutaric, avaient été brièvement analysés, il y a

1

quelques années, dans une étude sur le vandalisme révolution-
naire ([1]). Nous avions dès lors formé le projet d'y revenir à
loisir, et de les publier intégralement. Les révélations qu'ils
fournissent sont d'une nature tellement étrange, tellement inat-
tendue, qu'il est indispensable de placer les pièces elles-mêmes
sous les yeux du lecteur. Mais, avant d'entreprendre cette publication, une analyse succincte des négociations dont nous avons
retrouvé la trace dans les documents officiels du temps nous
paraît indispensable.

Nous commencerons donc par présenter un résumé rapide de
l'affaire, dont nous produirons ensuite les pièces justificatives.
Peut-être trouvera-t-on que nous avons poussé un peu loin le
respect du document et que plus d'un de ceux-ci pouvait, sans
inconvénient, être diminué ou même supprimé. Après quelque
hésitation, nous avons pensé qu'on ne devait rien retrancher à
des pièces historiques de cette importance, et que les longueurs
ou les répétitions, en pareille circonstance, offraient moins d'inconvénients que les suppressions ou abréviations.

En 1781, l'abbaye de Saint-Denis était administrée par dom
Malaret ; ce religieux avait remplacé, en qualité de prieur, dom
Boudier. Tandis que son prédécesseur paraît s'être exclusive-
ment attaché à remplir exactement les devoirs de sa charge, à
rétablir l'ordre et la discipline, à payer les dettes de la maison,
à pourvoir aux réparations les plus urgentes et surtout à augmenter le nombre des religieux, dom Malaret apportait dans ses
fonctions un esprit bien différent.

Préoccupé de se ménager en haut lieu des relations et des
protecteurs, toujours à la recherche des occasions de plaire aux
puissants du jour, doué d'un caractère souple et insinuant, dom
Malaret devait être tenté de se signaler par quelque entreprise
extraordinaire. Nous le voyons à différentes reprises, et dans
diverses circonstances, intervenir dans des affaires qui ne le
concernent en rien, donner des conseils au directeur des bâti-

([1]) *Revue critique* du 10 octobre 1868 (3ᵉ année, 2ᵉ semestre), p. 228-240. Cet
article a été tiré à part à cinquante exemplaires.

ments, s'entremettre dans des négociations où son intervention ne s'explique que par le désir de plaire et d'être remarqué.

Au moment où dom Malaret arrivait à la dignité de prieur, l'abbaye se trouvait réduite à de dures extrémités. La multitude et la gravité de ses charges la plaçaient dans l'alternative de réduire le nombre des religieux ou de négliger l'entretien de ses fermes et de la basilique. Toutefois dom Boudier était parvenu à faire face aux besoins les plus urgents. Certains travaux indispensables avaient été exécutés dans les bâtiments de l'abbaye, et cependant le nombre des religieux, au lieu de décroître, avait été quelque peu augmenté. En effet, il avait fallu reprendre les voûtes de l'ancienne église en plusieurs endroits, et, bien qu'on se fût borné au strict nécessaire, bien qu'à la suite de ces travaux on se fût contenté, pour toute décoration, de blanchir entièrement l'église, l'abbaye s'était trouvée entraînée à une dépense de trente mille livres.

La correspondance de dom Boudier avec le directeur des Bâtiments royaux, dont nous avons retrouvé quelques fragments dans les archives de la Maison du Roi, entre dans le détail de plusieurs autres travaux exécutés sous sa direction ; le prieur parle de la construction d'une porte, de l'établissement d'une cour d'entrée en avant des bâtiments de l'abbaye qui venaient d'être refaits sous le règne de Louis XV. Certain passage d'une lettre de dom Boudier mérite une attention particulière. Après avoir énuméré les ouvrages qui, dans un délai restreint, doivent être à la charge de sa maison, il ajoute :

« Que n'y auroit-il pas à faire pour la décoration de notre chœur, ainsi que pour rendre plus décente la sépulture de l'auguste maison de Bourbon qui occupe si dignement le trône. Vous avez vu vous-même, monsieur, combien les cendres des grands Roys qu'elle a donnez, toujours si dignes de notre respect, sont peu distinguées, au point que les étrangers qui abondent icy en sont étonnés. Saint Louis voulant honorer celles de ses prédécesseurs leur fit ériger des mausolez dans le goût du temps. Je regarderois comme digne de la piété de Louis seize d'en faire autant pour ceux de son auguste famille. Vous en chargeant, monsieur, par une suite de la confiance dont il vous honore à si juste titre, la nation ainsi que l'étranger ne pourraient qu'admirer les monuments que vous feriez ériger à leur gloire... »

Cette lettre porte la date du 5 mai 1776. Ainsi, dès le commencement du règne de Louis XVI, le projet d'ériger à la race des Bourbons, dans la nécropole royale de Saint-Denis, un monument digne de l'illustration de la dynastie, avait été agité. Les circonstances n'avaient probablement pas permis de lui donner une suite immédiate.

Sur ces entrefaites, dom Malaret est nommé prieur ; tout d'abord il s'occupe de la restauration du chœur. Par les pièces que nous possédons, nous savons qu'il avait commencé par les stalles des religieux. Dom Malaret assure, dans la première note présentée à M. d'Angiviller, que les anciennes stalles du chœur remontaient au temps de Saint Louis. J'ignore si cette assertion est exacte. Sur le plan des tombeaux du chœur, publié par dom Félibien dans l'histoire de l'abbaye de Saint-Denis, le dessin des stalles parait des plus vulgaires. Peut-être l'historien a-t-il été arrêté par la difficulté de figurer en plan des stalles gothiques, et s'est-il contenté de marquer leur emplacement par un tracé représentant la menuiserie du chœur telle qu'on l'eût fait de son temps. En tout cas, la substitution d'une boiserie du goût le plus moderne et le plus déplorable aux délicats feuillages de la plus belle époque gothique, ne pouvait choquer personne à la fin du xviiiᵉ siècle. On ne saurait faire un crime à dom Malaret de cette destruction. Le clergé du temps a sur la conscience bien des actes de vandalisme autrement graves.

Le pavé, qui datait, comme les stalles, du treizième siècle, était également condamné, et peut-être, si on se fut contenté de remplacer un pavage posé depuis cinq siècles n'y aurait-il trop rien à dire. Faute de mieux, le vulgaire carrelage blanc et noir, proposé par dom Malaret, aurait permis d'attendre une décoration plus digne de la vieille basilique. C'est alors que le prieur rencontra les tombes qui décoraient le chœur depuis le règne de Saint Louis et de ses successeurs. Ces tombeaux auraient géné la symétrie du beau pavé de salle à manger que dom Malaret rêvait pour son église, et, sous ce prétexte, il déclara à tous les tombeaux qui étaient placés dans le chœur une guerre acharnée. Son projet n'allait à rien moins qu'à démolir tous les tombeaux du chœur, et à les reléguer dans quelque coin obscur, à les empiler dans une chapelle vacante. On peut admettre, sans rien exagérer, que si les tombeaux n'eussent pas joui d'une si universelle vénération, et n'eussent pas offert l'effigie des anciens rois de France, dom Malaret eut préféré s'en débarrasser en les jetant tout simplement à la porte de l'église. Tel fut le plan que le gardien naturel des tombes royales de Saint-Denis crut devoir soumettre au premier ministre, au comte de Maurepas, par l'intermédiaire du personnage qui avait alors une influence prépondérante sur l'administration des Beaux-Arts et des Bâtiments royaux. Le comte d'Angiviller, qui ne manquait cependant ni de tact, ni de goût, accueillit avec le plus grand empressement le projet qui lui était soumis, et en devint immédiatement le champion décidé. Tant était générale alors la réprobation qui pesait sur toutes les œuvres du moyen-âge, fussent-elles consacrées par les souvenirs les plus augustes, par les traditions les plus respectables !

Le motif principal, décisif, qu'on invoque pour demander le déplacement de ces monuments, c'est qu'ils détruisent la symétrie du nouveau pavé, c'est qu'ils gênent le développement des processions dans les cérémonies solennelles ; en un mot, ils sont encombrants. On invoque ensuite, il est vrai, leur archaïsme, leur barbarie, et surtout leur état de vétusté et de dégradation ; aux uns, il manque une main, aux autres, un morceau de vêtement, une partie de la tête. Et ce sont les religieux, gardiens naturels de ce dépôt sacré, qui proclament, à leur éternelle confusion, qu'ils ont laissé détruire, morceau par morceau, ces monuments vénérables ! Et le ministre, chargé de la haute surveillance de l'abbaye, ne s'indigne pas, ne les rappelle pas à l'observation de leur premier devoir ! Loin de là, il écoute tout cela d'une oreille favorable, et tout à l'heure semblera prendre plaisir à constater par lui-même que ses subordonnés n'ont rien avancé que de parfaitement exact. Il insiste avec complaisance sur les mutilations qui ont fait de ces œuvres barbares, « où nulle partie n'annonce la plus légère connaissance « de l'art ni de ses premiers « éléments », les « représentations « les plus hideuses et les moins propres à inspirer la vénéra- « tion ». M. d'Angiviller n'est pas seul d'ailleurs à supporter la responsabilité d'un pareil arrêt. Il a pris soin de s'entourer d'artistes éminents. Il a réuni autour de lui les hommes les plus considérables des Académies de Peinture et d'Architecture. Il a appelé à cet examen Pierre, le premier peintre du Roi, Pajou, le sculpteur le plus distingué à ce moment, car Pigalle est mourant, et Houdon n'a pas encore atteint l'apogée de sa réputa- tion ; à côté d'eux on voit figurer deux architectes, intendants généraux des Bâtiments du Roi, Mique et Hazon, et deux mem- bres de l'Académie d'architecture, Peyre l'aîné, et Guillaumot. Et Pierre et Pajou, et Mique et Hazon, et Peyre et Guillaumot s'empressent d'apporter au directeur général des Bâtiments le concours de leur haute autorité. Pas une protestation ne s'élève, au nom de l'art, au nom des convenances, contre cette mutila- tion, contre cet indécent déplacement. Les tombeaux ont le tort de gêner les cérémonies et de troubler la symétrie du pavage du chœur, c'en est assez pour que leur condamnation soit irré- vocablement prononcée. L'arrêt est porté. Le reste n'est plus qu'affaire de temps et d'argent. Les tombeaux du chœur seront relégués dans quelque coin obscur, si la Révolution en laisse le temps à la Royauté.

Il est un détail significatif entre tous. Dom Malaret confesse naïvement que dans les grandes cérémonies, j'ignore de quelles cérémonies il veut parler, et s'il s'agit des grandes fêtes ou seu- lement des funérailles des Rois et des Princes, dans les grandes cérémonies donc on démolit trois des tombeaux du chœur pour les reconstruire quand l'enlèvement des échafaudages et des ten- tures a laissé la place libre. Est-il besoin de chercher davantage les vandales qui ont mutilé les effigies des Rois ? Les religieux ne sont-ils pas les premiers auteurs, les premiers coupables de ces méfaits commis sous leurs yeux, par leurs ordres ? On trou- vera plus loin la désignation de ces tombes ambulatoires ; c'était presque un bienfait que de leur assigner un asile définitif où elles ne fussent plus exposées à de pareilles vicissitudes.

Revêtu de la haute approbation du comte d'Angiviller, le projet de dom Malaret semblait assuré du succès. Il n'avait pas encore rencontré la plus légère opposition ; d'ailleurs, tous ces préliminaires se passaient entre un petit nombre de personnes. Mais les visites de M. d'Angiviller et des commissaires par lui désignés, les sondes pratiquées dans le chœur par l'architecte Guillaumot, finirent par donner l'éveil aux religieux. Ils s'émurent de l'effet qu'un pareil bouleversement des tombes royales ne manquerait pas de produire sur l'opinion publique. Le vicaire général de la congrégation de Saint-Maur protesta le premier et, dans une lettre respectueuse et ferme, soumit ses scrupules au directeur des Bâtiments. Peu après, dom Boudier, ancien prieur de Saint-Denis, consulté par l'archevêque de Paris, Christophe de Beaumont, ne crut pas devoir dissimuler son opinion sur la conduite de dom Malaret, et particulièrement sur le projet de déplacement des tombeaux.

Ces tardives représentations ne pouvaient plus rien sur l'esprit de M. d'Angiviller. Le premier projet, dans lequel il ne s'agissait que du dégagement du chœur, avait donné naissance à un nouveau plan à l'exécution duquel M. d'Angiviller tenait maintenant à honneur d'attacher son nom.

On venait de remarquer, en s'occupant des sépultures de Saint-Denis, combien il était étrange que les souverains les plus puissants de la France fussent enfouis confusément dans les souterrains de l'église, sans un monument, sans une inscription pour rappeler leur mémoire, quand les Valois avaient fait ériger ces somptueux sarcophages, et quand des Rois, dont le temps avaient presque effacé le souvenir, étaient représentés dans la royale nécropole. Evidemment il y avait là une anomalie choquante et qui n'était pas à l'honneur de la dynastie régnante.

Guillaumot, le premier, signala au directeur des Bâtiments cette inconséquence. Connaissait-il l'observation présentée en 1776 par dom Boudier sur les sépultures de la maison de

Bourbon ? c'est douteux. Dans tous les cas, sa proposition fut présentée comme une idée nouvelle, et, en même temps, comme un moyen de donner le change à l'opinion publique sur le déplacement des tombeaux du chœur.

M. d'Angiviller était conquis d'avance aux arguments de Guillaumot. Il demanda deux projets de décoration pour la crypte de la basilique, l'un à Guillaumot, l'autre à Peyre l'aîné. On verra plus tard que le dessin de Peyre obtint plus de succès que celui de son concurrent et fut toujours mis en avant quand il s'agit d'en arriver à l'exécution. Il ne tint pas à M. d'Angiviller que les travaux projetés ne fussent immédiatement commencés. Mais un directeur des Bâtiments, si étendue que fût son autorité, ne pouvait prendre seul une décision sur un objet aussi grave. Il fallait que l'affaire fût régulièrement portée au Conseil du Roi ; de là des retards, des difficultés imprévues.

M. d'Angiviller dut d'abord convertir à ses idées le vieil archevêque de Paris, Christophe de Beaumont. Ce personnage portait fort peu d'intérêt à la conservation des tombes du moyen-âge et s'était d'abord montré très-disposé à accéder aux désirs du directeur des Bâtiments, quand une lettre de dom Boudier, qui venait d'être réélu prieur de l'abbaye, produisit un revirement complet dans son esprit. Il fallut entreprendre sur de nouveaux frais la conversion de ce vieillard, car, sans son adhésion, rien n'était possible. Enfin on était parvenu à dissiper la mauvaise impression produite par la lettre de dom Boudier, et il paraissait définitivement revenu de ses scrupules, quand il mourut le douze décembre 1781.

Tout était à recommencer. Déjà les arrêts que le comte d'Angiviller et le représentant de l'archevêque, le sieur Vulpiau, avocat du clergé de France, devaient présenter à la signature du Roi en son Conseil d'État, avaient été préparés, et leur rédaction définitivement arrêtée, quand la mort de Christophe de Beaumont vint tout remettre en question.

Il s'écoula plusieurs années avant que les négociations fussent sérieusement reprises. Mais, pendant ce laps de temps, l'activité de dom Malaret ne s'était pas endormie. A plusieurs reprises il revint à la charge, stimulant le zèle de M. d'Angiviller, l'informant des vacances qui se produisaient dans le clergé et grâce auxquelles on aurait pu faire les fonds nécessaires aux travaux du chœur et de la crypte. Ces pourparlers n'aboutirent à un résultat que cinq ans après la première rupture des négociations. Mais, dans cet intervalle, nous le voyons par sa correspondance, M. d'Angiviller ne perdit jamais complétement du vue son ancien projet. Enfin, dans les derniers mois de l'année 1786, les études préparatoires, exécutées en 1781 sous la direction de M. d'Angiviller, étaient mises sous les yeux du Roi. Tout marchait à souhait ; on avait trouvé le moyen de se procurer les soixante mille livres annuelles nécessaires pour achever les travaux en une dizaine d'années ; il ne restait plus à régler que certains points de détail sur lesquels M. d'Angiviller devait s'entendre avec l'évêque d'Autun, commis à cet effet par le Roi. Je ne sais quel obstacle retarda encore l'exécution du projet et vint épargner à la royauté cette grave responsabilité. Il semblerait résulter de quelques passages de la correspondance de dom Malaret qu'une sorte de compétition se fût élevée au sujet des tombeaux de Saint-Denis entre le directeur des Bâtiments, premier auteur du projet, et le premier ministre, Loménie de Brienne, qui revendiquait pour lui seul l'honneur de sa réalisation. Dans tous les cas, quelque contre-temps imprévu vint encore retarder le déplacement des tombeaux du chœur et l'érection du monument de la maison de Bourbon. Les événements politiques devaient bientôt se charger, comme le constate M. d'Angiviller dans une de ses dernières lettres à dom Malaret, d'ajourner indéfiniment tous les projets.

Tels sont les faits nouveaux qui ressortent des documents que nous publions. Nous n'avons rien retranché de la longue correspondance échangée à ce sujet. Les moindres détails ont ici leur importance. En effet, s'il est intéressant de voir la Royauté, déjà chancelante, se préoccuper d'élever à la dernière dynastie de nos souverains un monument décent, réparant ainsi une trop longue négligence, les pièces qu'on va lire renferment sur l'état des anciens tombeaux de Saint-Denis des renseignements exacts, précis, qu'on chercherait vainement ailleurs. Nous nous sommes strictement borné à l'époque et aux faits qui font l'objet de ce travail. L'histoire complète des tombeaux de Saint-Denis, dont M. de Guilhermy a réuni les éléments et présenté le résumé, reste encore à écrire. Celui qui entreprendra ce grand et intéressant travail devra tenir compte des éléments nouveaux que nous avons introduits dans la question. Il aura à apprécier définitivement le rôle joué par dom Malaret et par le dernier directeur des Bâtiments du Roi. Il décidera si nous avons été trop sévère dans nos critiques et si l'exécution des projets conçus dans les dernières années de l'ancienne monarchie n'aurait pas porté un coup plus terrible aux anciennes tombes royales, que les dévastations révolutionnaires de 1793.

N'oublions pas que si la Terreur a dispersé les ossements des souverains enterrés à Saint-Denis, profanation inutile et sans excuse, elle a du moins conservé comme « utiles à l'histoire de l'art » les effigies de pierre que les hommes les plus éclairés de la monarchie condamnaient comme des monuments de la barbarie. Quand on voudra juger la conduite des hommes de 1793, on devra rapprocher de leurs actes la destruction de l'admirable chapelle de Henri II, entreprise froidement en pleine monarchie, et la singulière restauration des tombeaux exécutée sous le règne de Louis XVIII. On pourra alors, en connaissance de cause, faire retomber sur chaque parti, sur chaque époque, la part de responsabilité qui leur incombe et décider quels sont les plus coupables des vandales républicains de 1793, ou des vandales royalistes de 1720, de 1781 et de 1820.

                                                 J.-J. GUIFFREY.

I. — *Lettre de dom Malaret, prieur de l'abbaye de Saint-Denis, au comte d'Angiviller, directeur des Bâtiments du Roi.*

Abbaye de Saint-Denis, 21 février 1781.

Monsieur,

M. l'abbé de Gauderats m'a fait l'amitié de me marquer qu'il avoit eu l'honneur de vous présenter pour moy un petit mémoire (¹), et il ajoute que vous aviés daigné le lire avec quelque attention. Je serois bien flatté, Monsieur, si les motifs qui m'ont fait agir méritoient votre approbation. Je n'ay eu d'autre objet que la plus grande décoration de notre église, monument autant admirable par la délicatesse et l'élégance de la construction, que respectable par les précieuses cendres de nos Rois. Ces tombeaux, tous dégradés et dans le plus triste état possible, qui exigeroient des sommes considérables pour leur réparation; gênent très-fort pour les cérémonies. MM. des Menus, MM. les maîtres des cérémonies ne cessent de le dire. D'ailleurs, il en est plusieurs, et c'est le plus grand nombre, qui ne sont pas sous leur représentation; on les placeroit dans les endroits les plus décens et les plus commodes de l'église. En place de la réprésentation de ceux où sont leurs cendres, on y placeroit une table de marbre qui porteroit une inscription ou épitaphe. Une décision seroit bien nécessaire dans ce moment où on est à la veille de placer de nouvelles stalles et de renouveler le pavé. C'est cette circonstance qui m'a fait prendre la liberté de solliciter votre agrément. Je n'ose, Monsieur, vous demander une faveur qui me combleroit; c'est de nous faire l'honneur de venir dîner un jour à Saint-Denis. Il y a longtemps que je le

(¹) C'est très-vraisemblablement le mémoire que nous publions sous le n° II.

désire. Je serois enchanté que vous vissiés les ouvrages déjà faits et ceux qui se font. Nombre des connoisseurs les louent, leurs éloges me touchent sans doute ; mais je ne seray satisfait que lorsque je sçauray le jugement que vous en porterés. Que mon amour-propre seroit flatté si j'obtenois les vôtres ! Daignés donc, Monsieur, m'accorder la faveur que j'ose vous demander. Vous verrés qu'en très-peu de tems, j'ay eu le courage d'entreprendre beaucoup : architecture, sculpture, peinture, j'ay mis tout en œuvre. J'aime les beaux-arts.

J'ai l'honneur d'être, avec le plus profond respect, Monsieur, votre très-humble et très-obéissant serviteur.

D. MALARET (¹),

Prieur de Saint-Denis.

II. — *Mémoire sur l'état des tombeaux de Saint-Denis en 1781* (²).

Le chœur de l'église de l'abbaye de Saint-Denis en France est depuis un très-grand nombre d'années dans un état de dégradation et de dépérissement qui surprend

---

(¹) Dans le journal d'un habitant de Saint-Denis sur les événements de la Révolution, publié récemment dans *Le Cabinet historique*, je trouve cette indication biographique bonne à rappeler : « Vers le 22 décembre 1793, est mort subitement, à Versailles, dom André Malaret, ancien prieur de l'abbaye de Saint-Denis. — 1875 : T. I, p. 37 ». On trouve aussi dans l'almanach royal un Malaret, chanoine de l'église de Paris, député à la Chambre souveraine du Clergé de France, pour le diocèse de Paris ; il est peu probable que ce soit le même personnage que notre prieur de Saint-Denis.

(²) Cette pièce porte en marge une date ajoutée postérieurement : 1ᵉʳ mars 1793. Ainsi les vandales de 1793 n'ignoraient pas les projets des vandales de 1781 et ils n'ont fait qu'accomplir la profanation sérieusement projetée douze ans auparavant par ceux qui étaient préposés à la défense et à la conservation de ces précieux monuments.

la plus grande partie de ceux qui sont curieux de voir un des monuments les plus respectables de la France. Les étrangers surtout, qui ne viennent guerres à la capitale sans venir à Saint-Denis, qui est connu dans tout le monde pour être la sépulture des Rois de France, sont étonnés de l'état où se trouve le chœur. Les religieux de l'abbaye ont fait en différent temps tout ce qui dépendoit d'eux pour la décoration de ce sanctuaire; il y a neuf à dix ans qu'ils ont dépensé plus de trente mille francs pour faire les réparations de plusieurs parties des voûtes de l'église et pour la blanchir entièrement.

Les stalles et le pavée du chœur n'aiant point été renouvellés depuis le treizième siècle, et les différentes cérémonies qui se multiplient dans le cours d'un siècle aiant totalement ruiné des stalles et un pavée aussi anciens, les religieux de Saint-Denis, n'aiant rien pu obtenir de la Cour pour les aider à faire les réparations nécessaires, tant aux stalles qu'au pavé, se sont arrangés pour parvenir par leur économie à faire des stalles nouvelles et un pavé neuf en marbre noir et blanc. Les stalles sont faites et sur le point d'être posées; le pavé sera posé dans le courant du carême de la présente année 1781. Mais il y a un embarras pour que ce pavé soit posé avec toute la symétrie de l'art, à cause de plusieurs tombeaux qui sont élevés hors de terre à la hauteur de trois pieds et demie, ou environ. Ces tombeaux ne sont point rangés simétriquement. Dans les différentes cérémonies qui se font à Saint-Denis ils gesnent beaucoup et diminuent considérablement le nombre des places; on sçait pourtant que dans ces sorte de cérémonies il y a un très-grand nombre de personnes à placer. La pluspart de ces tombeaux se trouvent presque totalement dégradés, tant par le laps du temps que par

les décorations différentes qui ont été construites dans le
chœur. La dégradation où ils se trouvent est irrépa-
rable ; au moins les réparations que l'on y voudroit faire
coûteroient-elles des sommes immenses, sans qu'elles
pussent faire beaucoup d'honneur ni au Roy, ni à la
nation. La pluspart des figures gissantes sur ces tombeaux sont dégradées ; il y a des mains de manque ; les
couronnes et les figures sont mutilées ; tous les orne-
mens qui décoroient les tombeaux sont perdus depuis
très-longtemps ; il seroit donc question que le Roy voulût bien permettre de retirer ces cénotaphes des différens endroits où ils sont, sauf à mettre des tombes
plattes où il seroit possible de mettre une inscription.
Cette permission paroit d'autant moins difficile à accorder qu'il n'est nullement question de transférer les corps
de ces princes, qui resteroient toujours dans le même
endroit où ils sont ; il n'y auroit que les figures qui sont
hors de terre ; encore pourroit-on placer ces figures
dans différens endroits de l'église et dans les endroits
les plus décens que l'on pourroit trouver. On croit ne
rien risquer en demandant une telle permission puisque
plusieurs Rois qui sont enterrés dans Saint-Denis n'ont
aucun monument ou marque extérieure de leur sépulture. De ce nombre sont Philippe-Auguste, mort en
1223, Louis VIII, mort en 1226, François second, mort
en 1560, Charles IX en 1574, Henri III en 1589, Henri IV
en 1610, Louis XIII en 1643, Louis XIV en 1715, et
autres, ainsi que des Reines et princes et princesses qui
n'ont aucun monument. Les tombeaux qui gesnent le plus
et qu'il seroit question de déplacer sont surtout ceux de
Charles-le-Chauve (¹) que l'on est obligé de remuer à

(¹) Ce tombeau, le seul qui consacrât dans la basilique royale la mémoire
d'un empereur, était placé au milieu du chœur devant l'autel, entre les stalles

chaque cérémonie ; de Philippe-le-Hardi, mort en 1285, Philippe-le-Bel, mort en 1314, et Louis X, mort en 1316. Il y a encore le long des grilles du chœur d'anciens tombeaux de pierre construits du temps de Saint Louis (¹) qui sont totalement dégradés et qu'il n'est point possible de faire raccommoder. D'ailleurs il arrive que dans les cérémonies qui se font à Saint-Denis, tous ces anciens monuments et cénotaphes ne sont point traités avec la décence convenable aux princes qu'ils représentent, puisque l'on construit par-dessus des échaffaux et qu'il se passe à cette occasion bien des indécences. La proposition que l'on fait paroit d'autant plus admissible qu'un pareil transport ne jettera le Roy dans aucune dépense extraordinaire. La circonstance de la nouvelle construction du pavé est la seule chose qui ait donnée occasion à cette proposition, parce qu'effectivement le pavé sera très-difficile à arranger et à s'accorder avec ces tombeaux, et on ne croit pas manquer au respect que l'on doit aux mannes de nos anciens Rois et de nos anciens princes en exposant les motifs qui militent pour

des religieux. Quant aux tombeaux de Philippe-le-Hardi, de Philippe-le-Bel et de Louis X, dont il va être souvent question comme gênant tout particulièrement les cérémonies du culte, ils se trouvaient, les deux premiers à gauche, le troisième à droite, un peu avant les stalles, et arrivant presque au même niveau que ces stalles, ne laissant par conséquent au milieu du chœur qu'un couloir long et étroit.

(¹) D'après le plan joint à l'histoire de l'abbaye de Saint-Denis par dom M. Felibien (in-fol. Paris, 1706) et le commentaire qui accompagne ce plan (p. 550 et suiv.), ces tombeaux si gênants, placés le long des grilles du chœur, étaient, à gauche en regardant l'autel : ceux du roi Pépin et de la reine Berthe, son épouse, ceux des rois Louis et Carloman, fils de Louis-le-Bègue ; à droite : les tombeaux de la seconde femme de Louis VII, Constance de Castille, et de Philippe, fils ainé de Louis VI, mort avant son père, puis ceux de Carloman, roi d'Austrasie, et de la reine Hermintrude, première femme de Charles-le-Chauve. Tous ces tombeaux, érigés par Louis IX, dataient par conséquent du XIIIᵉ siècle.

le transport et la translation dans un autre endroit de l'église de figures en marbres qui gesnent beaucoup et qui sont exposées à être dégradées de plus en plus.

III. — *Lettre de M. d'Angiviller à dom Malaret.*

14 mars 1781.

M. l'abbé de Gauderalt m'a, en effet, remis, mon Révérend Père, le petit mémoire dont vous l'aviez chargé pour proposition de déplacement de ces anciennes tombes qui surchargent le chœur de votre église et le réduisent, par leurs dégradations, à un état à la fois incommode et indécent. Je me propose d'en conférer avec M. le comte de Maurepas et de prendre les ordres de Sa Majesté. Je serois assurément fort aise de répondre à votre invitation d'aller dîner dans votre maison et d'en visitter les travaux ; malheureusement mes occupations contrarient trop souvent mes désirs pour que je puisse arrêter un projet à cet égard.

J'ai l'honneur d'être, avec la plus entière vénération, mon Révérend Père, vottre etc.

P.-S. — Je ferai certainement tout mon possible dans le cours de ce carême pour vous faire ma visite.

(Arch. nat. O¹ 1174, f. 107.)

IV. — *Note sur le projet proposé par dom Malaret, destinée au comte de Maurepas.*

En marge se trouve cette observation : Le D. G. a communiqué ce mémoire à M. le comte de Maurepas, le 26 mars 1781. Il a été convenu qu'avant tout M. le D. G. se rendra en personne à Saint-

Denis avec des officiers des Bâtiments, des architectes de l'Académie et des artistes pour y faire dresser procès-verbal de l'état des choses.

Les religieux de l'abbaye de Saint-Denis réparent le chœur de leur église, en y plaçant des stales neuves et en y établissant un pavé en marbre blanc et noir : une révolution de cinq siècles n'a rendu ces réparations que trop nécessaires.

Le repavement de l'Eglise dicte aux religieux une représentation qu'ils ont adressée au directeur général des Bâtiments, pour la déférer à Sa Majesté, et solliciter sa décision.

Il s'agit de ces tombeaux antiques épars, sans ordre, sans simétrie, dans le chœur. Les outrages du tems les ont soumis à des dégradations qui en rendent les objets presque méconnoissables et les réduisent à de vains amoncellemens de pierres dont le coup-d'œil devient indécent, indépendamment de l'incommodité que ces tombeaux jettent dans l'exercice des cérémonies singulièrement réservées pour cette abbaye, et l'inconvénient est tel, qu'à chaque occasion il y a trois de ces tombeaux qu'on est forcé de déplacer pour les ramener ensuite.

L'assiete du nouveau pavé ne peut être faite simétriquement et solidement pour l'avenir qu'en dégageant le sol du chœur de ces antiques monumens, qui le surchargent, et qu'on placeroit décemment dans une ou plusieurs chapelles avec les renseignemens convenables.

Tel est l'objet de l'autorisation que demandent les religieux de Saint-Denis, en s'apuyant de l'observation vraie qu'un très-grand nombre de sépultures déjà anciennes, mais postérieures à l'époque des monumens

fréquens dans les tems reculés de la monarchie, ne portent avec elles aucuns signes extérieurs.

Si les antiques tombeaux, dont la suppression est demandée, étoient précieux par la matière et par l'ouvrage, le vœu des religieux pourroit éprouver des difficultés; mais tous sont en pierre; mieux conservés ils seroient des monumens de barbarie. Couverts, comme ils le sont, de mutilations, il semble impossible d'énoncer aucune raison qui conduise à les conserver, surtout dans leur emplacement actuel, puisqu'ils y réunissent toute la somme possible d'inconvéniens, sans que ceux-ci soient balancés par la plus légère utilité (¹).

Si Sa Majesté autorise la translation, il sera pris des mesures pour distinguer les parties qui peuvent l'exiger réellement et pour le choix du dépôt le plus convenable.

Immédiatement après sa conférence avec le comte de Maurepas, M. d'Angiviller s'empressait d'informer son correspondant de la tournure favorable que prenait la négociation.

V. — *Lettre du comte d'Angiviller à dom Malaret.*

27 mars 1781.

J'ai conféré, mon Révérend Père, ainsi que je vous l'avois annoncé par ma lettre du 14 courant, avec M. le comte de Maurepas sur votre projet de réunir dans un lieu quelconque de votre église ces antiques tombeaux que les outrages du tems ont rendu presque méconnaissables et qui, ne répondant plus aujourd'huy au respec-

---

(¹) Le mal va en augmentant de relation en relation. On saisit déjà clairement ici les dispositions favorables du directeur des Bâtiments pour le projet proposé par les religieux.

table objet de leur construction, ne présentent actuellement dans le chœur de votre église que des masses peu décentes et très-incommodes dans les occasions des grandes cérémonies. M. le comte de Maurepas, en n'apercevant rien que de très-raisonnable dans vos vues, a étendu les siennes à ce que peut produire dans l'opinion publique une innovation qui semble blesser le respect dû aux cendres des morts, et plus particulièrement à celle de nos Rois ; il a pensé, en conséquence, qu'avant de metre Sa Majesté dans le cas de doner des ordres sur cet objet, il faut les préparer, et, en quelque sorte, les justifier par la rédaction d'un procès-verbal que dresseront, en ma présence et sous mes ordres, les personnes que je nommerai pour constater, et les objets, et l'état des monuments qui seront à déplacer, d'après les motifs qui en seront exprimés. Je ferai volontiers procéder à cette opération le plus tôt possible, et vous me ferez plaisir de m'indiquer le jour qui pourra convenir le mieux, relativement aux exercices de votre maison. En attendant, je vous prie de vous ocuper des recherches que les archives de la maison peuvent fournir pour distinguer précisément les monuments dont les inscriptions peuvent être corrompues ou illisibles, et pour s'assurer s'ils sont bornés à de simples représentations de figures, ou s'ils ont contenu, en effet, des cendres des personnages auxquels on les a érigés. Vous concevez combien ces connoissances peuvent et doivent influer sur le parti à prendre ; vos archives, et plus particulièrement vos obituaires, doivent donner sur tout cela les renseignements les plus positifs. Mon dessein est d'appeller au procès-verbal deux des principaux officiers de mon département, deux membres de l'Académie d'architecture et deux de celle de peinture et sculpture, afin de réunir tous les avis les plus concluants et les plus convenables sur une matière qui tient tout à la fois à la Religion et aux Arts.

J'ai l'honneur d'être....

(Arch. nat. O¹ 1174, p. 131.)

Après la réception de cette lettre, si conforme à ses vues, dom Malaret s'empresse de fixer un rendez-vous pour la date la plus rapprochée. Une indisposition de M. d'Angiviller l'oblige à ajourner sa visite ; mais, peu de jours après, une réunion générale des commissaires choisis par le directeur des Bâtiments, est fixée au lundi 9 avril. Les lettres suivantes et le procès-verbal des opérations de la commission nous dispensent d'entrer dans de plus amples détails.

VI. — *Lettre de dom Malaret au comte d'Angiviller.*

Abbaye de Saint-Denis, 31 mars 1781.

Monsieur,

Je suis comblé de vos bontés, je sens tout le prix de la faveur que vous daignés m'accorder ; aussi rien n'égale ma juste et bien sensible reconnoissance. Le jour qui vous sera le plus commode le sera pour nous ; mais puisque vous désirés que j'en indique un, c'est vendredy prochain, 6ᵉ avril. J'auray l'honneur de vous attendre ce jour-là. Je souhaite bien fort que rien ne s'oppose à mon impatience et au désir que j'ai de vous offrir et ma reconnoissance et le profond respect avec lequel

J'ai l'honneur d'être, etc.

D. MALARET,

Prieur de Saint-Denis.

VII. — *Lettre de M. Cuvillier, commis des Bâtiments,*
à dom Malaret.

3 avril 1781.

J'ai l'honneur de vous informer, mon Révérend Père,
que M. le comte d'Angivilller, ayant été pris dimanche
dernier d'une fièvre dont le terme n'est point encore
connu, mais qui ne paroit pas devoir s'éloigner, il se
trouve forcé d'attendre un meilleur état de santé pour se
rendre à l'abbaye et y faire procéder au procès-verbal
pour lequel vous lui avez proposé jour à vendredy, 6 de
ce mois. Dès qu'il sera en état de fixer un autre jour, il
vous en informera. Il est peu à présumer qu'il puisse le
placer dans la semaine sainte, puisqu'indépendamment
de sa santé, les offices du tems feroient obstacle ou au
moins grand embarras.

J'ai l'honneur d'être, etc.

(Arch. nat. O¹ 1174, f. 140.)

VIII. — *Lettre du même au même.*

5 avril 1781.

M. le comte d'Angivilller présumant, mon Révérend
Père, que sa santé luy permettra de fixer à lundy ou
mardy l'examen projeté, me charge de vous demander
si les grands offices de la semaine prochaine ne feront
point obstacle, et lequel des deux jours peut vous convenir le mieux. J'ajoute qu'il dépend absolument de
vous de remettre après les fêtes.

J'ai l'honnneur d'être, etc.

(Arch. nat. O¹ 1174 f. 140.)

IX. — *Lettre du comte d'Angiviller aux commissaires désignés pour examiner la proposition des religieux.*

5 avril 1781.

Les religieux de l'abbaye de Saint-Denis m'ayant exposé, Monsieur, que le rétablissement qu'ils veulent faire du pavé du chœur de leur église ne peut se traiter régulièrement et solidement pour l'avenir qu'en faisant disparaître plusieurs représentations de tombeaux épars dans différens points de la superficie du chœur, m'ont demandé de leur en obtenir la permission du Rôy, eu égard à ce que la plupart de ces représentations, toutes dégradées qu'elles soient par les outrages des tems, tiennent à la mémoire de nos Rois ; je me suis consulté sur cet objet avec M. le comte de Maurepas dont le sentiment a été qu'il convient qu'en ma présence, et par les personnes que je proposerai, il soit dressé un procès-verbal qui constate les tombeaux, leur état, leurs objets anciens, autant qu'il sera possible de les reconnoître, et les motifs qui déterminent leur suppression, ou plutôt leur déplacement, l'abbaye proposant de les déposer dans telle chapelle qui sera jugée plus convenable. Je désire que vous soyez l'un des six examinateurs, dont je demande le concours, et qui seront deux intendants de mon département et quatre membres des deux Académies ; je compte prendre jour à lundy ou mardi prochain. Je vous en préviendrai précisément après la réponse de la lettre que j'envoye au prieur de l'abbaye ; au moment de la visite, les religieux auront fait les recherches que je leur ai demandées, pour pouvoir être sûr que les tombeaux dont il s'agit n'ont été que de simples représentations qui n'ont point renfermé les cendres de ceux auxquels ils ont été érigés.

J'ai l'honneur d'être, Monsieur, votre etc.

X. — *Post-scriptum au bas de la circulaire écrite le 5 avril par M. le comte d'Angiviller aux six commissaires nommés pour la visite du chœur de l'abbaye de Saint-Denis, afin de juger si la suppression d'anciens monumens qui embarrassent ce chœur, demandée par les religieux, peut se faire sans compromettre la mémoire de ceux en faveur desquels ces monumens ont été érigés.*

M. PIERRE,

Je présume que vous vous chargerez, Monsieur, volontiers de mener M. Pajou. Une lettre que je reçois du prieur de Saint-Denis me détermine à choisir lundi prochain. Je vous engage, comme tous ces messieurs, à être rendu pour neuf heures du matin, et à profiter de l'avant-dîner pour les examens.

M. PAJOU,

M. Pièrre, qui sera de la commission, pourra vraysemblablement vous conduire. Sur une lettre du prieur de Saint-Denis, je détermine le jour à lundi, 9 de ce mois. Il sera bon d'être rendu sur les neuf heures du matin pour se ménager le tems nécessaire aux examens.

M. MIQUE,

Une lettre que je reçois du prieur de Saint-Denis me détermine à prendre jour à lundi, 9 de ce mois, neuf heures du matin, ce qui donnera vraisemblablement, avant le dîner, assez de tems pour faire les examens.

M. HAZON,

Même lettre qu'à M. Mique.

M. Guillaumot,

Idem, avec l'addition suivante :

Je vous préviens, Monsieur, que M. Peyre l'aîné est de la commission dont il s'agit. Vous verrez si vos arrangemens communs vous mettent dans le cas de faire le voyage ensemble.

M. Peyre l'aîné, à Choisy,

Idem. Je vous préviens, Monsieur, que M. Guillaumot est de la commission dont il s'agit. Vous verrez si vos arrangements communs vous mettent dans le cas de faire le voyage ensemble.

XI. — *Réponse de Guillaumot.*

Monsieur,

Conformément aux ordres que je reçois dans l'instant, je seray rendu à Saint-Denis lundy prochain, avant neuf heures du matin, et je vais proposer à M. Peyre l'aîné, de le conduire.

Je suis, avec le plus profond respect, etc.

GUILLAUMOT.

Paris, le 6 avril 1781.

La visite annoncée pour le 9 avril eut lieu, mais fut insuffisante. Guillaumot dut se rendre seul, le 11 avril, sur les lieux pour sonder le pavé du chœur et reconnaître si les cénotaphes couvraient les cercueils des rois au souvenir desquels ils étaient érigés. Cette opération préliminaire fait l'objet d'un rapport particulier adressé à M. d'Angiviller et qui renferme déjà tous les éléments du procès-verbal définitif.

Après les recherches de Guillaumot, un second voyage de la

commission entière parut nécessaire ; dans cette séance mémorable du 5 mai fut arrêté, d'un avis unanime, le déplacement de tous les monuments du chœur de Saint-Denis.

Mais avant le procès-verbal de la commission s'intercalent le rapport de Guillaumot et plusieurs autres documents. Une lettre, adressée à M. d'Angiviller par un des hauts dignitaires de la congrégation de Saint-Maur, prouve que le projet mis en avant par dom Malaret n'avait pas rencontré partout la même faveur. Le vicaire général des Bénédictins s'émeut de l'impression qu'un pareil déplacement pourrait produire dans le public. Lui non plus n'attache pas grande importance à la conservation des monuments de la barbarie ; mais au moins paraît-il sentir vivement l'indécence de cette profanation. Il faut, hélas ! ajouter que ses représentations ne trouvèrent d'écho ni à la cour, ni chez les religieux, et que la question d'argent empêcha seule la royauté d'accomplir elle-même l'œuvre de la Révolution. Toutefois, cette respectueuse opposition, si elle n'arrêta pas le directeur des Bâtiments, semble l'avoir légèrement inquiété, car il jugea nécessaire de répondre lui-même, et longuement, aux objections de son correspondant.

XII. — *Lettre du frère Mousso, vicaire général de la congrégation de Saint-Maur, au comte d'Angiviller* (¹)

En l'abbaie de Saint-Germain, 11 avril 1781.

Monsieur,

Plusieurs de mes confrères me prient de vous faire passer l'objet de leurs inquiétudes. Ils ont appris que les religieux de Saint-Denis se proposent, avec votre agrément, de transporter dans une chapelle de leur église

_____

(¹) En tête de la lettre se trouve cette note : « 15 avril 1781. — Même jour M. le D. G. a répondu de sa main ; on a inséré copie dans le registre. » — Nous publions ci-après la réponse de M. d'Angiviller que nous avons retrouvée dans un registre de copies de lettres écrit tout entier de la main de Cuvillier, premier commis des bâtiments.

plusieurs tombeaux de nos Rois qui sont dans le chœur. Nous craignons que cette entreprise de la communauté de Saint-Denis ne soit vue de mauvais œil à la cour, et que le public n'ait des reproches à nous faire.

Il nous suffit, monsieur, de vous avoir exposé nos craintes pour nous tranquilliser sur les suites d'un dessein qui n'a d'autre but que la décoration d'un temple où reposent les cendres de nos princes et de nos bienfaiteurs.

Je ne pourrai pas me dispenser de rendre compte au chapitre général qui va se tenir le mois prochain, de tout ce qui aura été fait à cet égard ; nos lois et le devoir de ma place le demandent. Je dois me mettre à l'abri de tout blâme.

J'ai l'honneur d'être, avec un très-profond respect,
Monsieur,
Votre très-humble et très-obéissant serviteur.

Fr. MOUSSO,
Vicaire général de la congrégation de St-Maur.

A M. d'Angiviller, directeur et ordonnateur général des Bâtiments du Roi.

XIII. — *Lettre du comte d'Angiviller au R. P. dom Mousso, vicaire-général de la congrégation de Saint-Maur, à l'abbaye de Saint-Germain-des-Prez, à Paris.*

(De la main de M. le directeur général.)

A Versailles, 15 avril 1781.

Je reçois, mon très Révérend Père, la lettre que vous me faites l'honneur de m'écrire au sujet de la demande qui m'a été faite par les religieux de l'abbaye de Saint-Denis pour faire transporter les anciens monumens de

nos Rois qui gênent le service dans les grandes et tristes
cérémonies qui se font dans cette église, et les placer
dans une des chapelles latérales du chœur. L'inquiétude
que vous marquent plusieurs de vos confrères me paroît
peu fondée. M. le prieur de la maison de Saint-Denis s'est
conduit avec infiniment de sagesse et n'a rien entrepris
sur des monumens qui méritent la vénération et le respect de la nation. Il m'a fait part des vœux qu'il formoit,
ainsi que beaucoup d'autres, pour la décence même de
ces tristes et respectables cérémonies; je n'ai que des
éloges à donner à son zèle, à son amour pour le bien, au
respect qu'il porte à ses devoirs et aux vues qui l'ont conduit. D'après ce que j'ai vu, je ne doute pas qu'il n'en
reçoive de la part du chapitre sur les autres objets de son
administration. Quant à celui-ci, vous devez être tranquile; je me suis transporté à Saint-Denis et j'ai mené
avec moi six artistes des Académies, par lesquels il sera
dressé un procès-verbal signé d'eux et de moi ainsi que
du père prieur, et qui sera porté sous les yeux de Sa
Majesté, sans l'ordre exprès duquel il ne sera rien fait,
et, sur cet ordre, si il a lieu, seront expédiées toutes les
lettres nécessaires qui mettront l'abbaye de Saint-Denis
et l'ordre même à l'abri de tout reproche. J'aurai même
peut-être à faire des propositions qui mettront et l'abbaye
et l'ordre même à portée de mériter vis-à-vis de la nation
entière. Je ne doute pas qu'un ordre aussi respectable et
qui est honoré d'un dépôt aussi auguste et aussi précieux
que celui des cendres de nos Rois ne s'empresse à concourir tout entier à rendre leur dernière demeure plus
digne d'eux et de la nation. Je vous ferai part de ces
idées, mon Révérend Père, dès que j'aurai été à portée de
prendre les ordres de Sa Majesté; mais je n'ai pas cru

devoir différer de vous rassurer sur les craintes que vous me marquez.

J'ai l'honneur d'être, avec la plus profonde vénération, mon Révérend Père, votre, etc.

(Arch. nat. O¹ 1174, f. 169.)

XIV. — *Lettre de Guillaumot au comte d'Angiviller.*

Monsieur,

J'ay l'honneur de vous envoyer le résultat de l'examen que j'ay fait, le 11 de ce mois, avec les religieux de l'abbaye de Saint-Denis, des tombeaux de plusieurs roys, reynes, etc., élevés dans le chœur de leur église. Vous avez désiré, Monsieur, n'avoir que les matériaux du procès-verbal à rédiger, et je crois que vous les trouverés dans cet exposé. Il manque, pour acquérir la certitude complette qu'il n'existe point de cendres dans ces représentations, de les ouvrir avant de les déplacer; mais je n'ay osé le faire, dans la crainte d'y trouver des vestiges d'entrailles, cœurs ou autres cendres qui seroient restés exposés, au lieu que j'ai pu faire recouvrir tout de suitte les cerceuils placés en terre.

Au surplus, cet examen peut se faire à mesure qu'on voudra enlever les tombeaux, et tout ce que j'ay vû peut se répéter devant les autres commissaires très-facilement, si vous le jugés convenable. Enfin, il est peut-être nécessaire que vous scachiés, Monsieur, que les religieux qui ont assisté avec moy à ces examens sont le prieur, le procureur, le cellerier et un autre religieux.

Je suis, avec le plus proffond respect, etc.

                    GUILLAUMOT.

Paris, le 13 avril 1781.

XV. — *Rapport de Guillaumot sur les fouilles du chœur de l'abbaye de Saint-Denis, faites en sa présence.*

Les religieux de l'abbaye de Saint-Denis ont fait de vaines recherches dans leurs archives pour découvrir si les tombeaux qui existent dans le chœur de leur église contiennent les cendres des roys, reynes, princes et princesses pour lesquelles ils sont érigés ; ils n'ont trouvé à ce sujet d'autres éclaircissements que ce qu'en ont écrits dom Doublet et dom Félibien, religieux de leur ordre et hystoriens de cette abbaye.

D. Doublet, qui écrivoit à la fin du xvie siècle et au commencement du xviie, dit, au livre IV de son hystoire, chapitre 2, page 1201 [1], qu'il y a eu des changemens dans les tombeaux, tant du tems du vénérable abbé Suger que du tems du roy saint Louis qui les fit mettre dans l'ordre où ils se voyent présentement, sçavoir : les descendants de Pépin à droitte, et ceux d'Hugues Capet à gauche.

D. Félibien, qui écrivoit sur la findu xviie et au commencement du xviiie siècle, dit, page 547, qu'il est certain que les tombeaux qui se voyent aujourd'huy dans l'église de Saint-Denys, soit de la deuxième, soit de la troisième race, jusqu'aux enfants de saint Louis, ne sont que de simples cénotaphes ou représentations, touttes faittes du tems et par les ordres dudit roy saint Louis, exceptés ceux de Dagobert Ier et de Charles le Chauve, qui paroissent avoir été faits du tems de l'abbé Suger, ou peu après cet abbé.

Quant aux tombeaux des enfants et successeurs de

---

[1] Ces citations, dont nous avons contrôlé l'exactitude, se trouvent reproduites dans le procès-verbal définitif, comme un argument péremptoire en faveur du projet.

saint Louis, il y a toutte aparence qu'ils ont été changés
de place ; cela paroit évident pour les tombeaux d'Isabelle d'Aragon, de Philippe le Hardy, de Philippe le Bel,
de Philippe V, de Charles IV, de Jeanne d'Evreux, de
Jeanne de Bourgogne, de Philippe IV et du roy Jean,
dont on présume que les corps ont été inhumés d'abord
beaucoup plus près du milieu du sanctuaire qu'ils ne le
sont aujourd'huy, sans parler des changements faits du
tems de l'abbé Suger et du tems de saint Louis ; on scait
qu'en 1610 on démolit l'autel de la Trinité, autrement
appelé l'autel *matutinal*, qui étoit entre les deux gros
pilliers de la grande croisée au bout des stalles, pour
donner l'espace nécessaire pour la cérémonie du couronnement de la Reyne Marie de Médicis. On supprima en
même tems une cloison en fer qui tenoit au derrière de
cet autel et qui traversoit tout le chœur. Il paroit que
plusieurs des tombeaux, aujourd'huy isollés dans le
chœur, étoient autrefois adossés à cet autel et à cette
cloison.

Pour s'assurer si ces tombeaux recouvrent des corps
ou les contiennent, les religieux ont fait fouiller, le 11
de ce mois, en présence du soussigné, aux pieds de plusieurs, et, en creusant le long de celuy de Clovis II et à
la tête de celuy de Philippe le Hardy, on a trouvé, à
environ un pied de proffondeur, sous le sol du pavé, un
cercueil de pierre de 4 pieds de long sur 18 pouces de
large d'un bout et deux pieds de l'autre, lequel paroit
n'avoir jamais renfermé de corps, l'intérieur étant parfaitement vuide, sans la moindre poussière ny cendre.
En creusant ensuite le long du tombeau de Louis X, on
a encore trouvé, à environ un pied au-dessous du sol
supérieur de ce pavé, un cercueil en pierre avec deux
forts anneaux de fer sur le couvercle et sans inscription.

Ayant fait enlever ce couvercle, on y a trouvé les ossements d'un corps ayant sur la poitrine une plaque de
plomb d'environ 15 pouces de long sur 10 pouces de
large, sur laquelle est une inscription latine, dont ce
qu'on a pu lire fait connoître que c'est le corps de Philippe, comte de Boulogne et de Clermont, fils de Philippe
Auguste et oncle de saint Louis, mort le 14 janvier 1233,
âgé de 33 ans. La plaque a été remise dans sa place
après avoir reconnu, par des vestiges de bois pourry, que
le corps étoit renfermé dans un cerceuil de cette matière,
lequel a été placé dans un autre de pierre. On a replacé
le couvercle de cette tombe qu'on a ensuitte recouvert
de terre.

Une autre fouille a été faitte à la tête du tombeau de
Louis X, et on a trouvé aussy à environ un pied de proffondeur sous le pavé, l'extrémité d'un cerceuil de plomb
renfermé dans un cerceuil de pierre. L'extrémité de ce
dernier, du côté de la tête, a été cassée anciennement,
cette partie n'étant fermée que par une pierre appliquée
contre et qui, étant ôtée, laisse voir le bout du cerceuil
en plomb, qui est en très-bon état dans cette partie. Il
est très-probable qu'en fouillant sous le tombeau de
Jeanne de Navarre, fille de Louis X, placée aux pieds de
ce roy, on trouvera aussy son cerceuil.

On a ensuitte fouillé à la tête du tombeau de Philippe
le Bel, et, à la même proffondeur d'un pied, on a trouvé
le cerceuil de plomb qui renferme le corps de ce prince,
placé dans un autre cerceuil de pierre, dont la devan-
ture a pareillement été cassée ; le cerceuil de plomb est
aussy percé dans cet endroit, et l'on voit distinctement
la tête de ce monarque. On a recomblé la fouille, et il
n'y a point de doutte qu'en la continuant on trouve de
même les cerceuils qui contiennent les corps de Philippe

le Hardy et d'Isabelle d'Aragon qui sont placés sur la même ligne. On a fouillé ensuite le long du tombeau de Clovis II et de Charles Martel, et on a reconnu qu'il est étably sur un léger massif sans aucun cerceuil au-dessous.

De ces recherches il résulte qu'il n'y a point de cendres dans ces tombeaux et qu'il n'y a que ceux des descendants de saint Louis dont les corps soyent enterrés au-dessous ; qu'ainsy on peut transporter tous ces tombeaux sans remuer aucunes cendres.

Les tombeaux qu'il seroit question de déplacer sont, scavoir :

DU CÔTÉ DE L'ÉPITRE :

1° Clovis II, ayant à sa gauche Charles Martel ;

2° Carloman, fils de Louis le Bègue, ayant à sa gauche Louis, son frère ;

3° Pépin, chef de la deuxième race, ayant à sa droite Berthe, son épouse.

(Ces trois tombeaux, sur chacun desquels il y a deux figures, sont en pierre et très-mutilés.)

4° Isabelle d'Aragon ;

5° Philippe le Hardy ;

6° Philippe le Bel.

(Ces trois tombeaux sont en marbre noir, les figures en marbre blanc et très-mutilés.)

DU CÔTÉ DE L'ÉVANGILE :

1° Hugues Capet, ayant à sa gauche le roy Eudes ;

2° Robert, ayant à sa gauche Constance d'Arles ;

3° Louis le Gros, ayant à sa gauche Henry Ier ;

4° Philippe, fils de Louis le Gros, mort avant son père, ayant à sa gauche Constance de Castille, femme de Louis VII, dit le Jeune ;

5° Carloman, fils de Pépin, ayant à sa gauche Hermentrude, femme de Charles le Chauve.

(Ces cinq tombeaux, sur chacun desquels il y a deux figures, sont de pierre et fort mutilés.)

6° Louis X, dit le Hutin, ayant à sa droitte sur la même tombe, le petit roy Jean, son fils posthume;

7° La reyne Jeanne de Navarre, fille de Louis X.

(Ces deux tombeaux sont de marbre noir, les figures de marbre blanc, fort dégradés.)

AU MILIEU DU CHOEUR :

Charles le Chauve, en bronze.

SUR LES MARCHES DE L'AUTEL :

Charles VIII, en bronze.

DANS LA CROISÉE DU SANCTUAIRE :

1° Philippe V, dit le Long: — 2° Charles IV; — 3° Jeanne d'Evreux; — 4° Jeanne de Bourgogne; — 5° Philippe VI; — 6° Le roy Jean.

(Les figures en marbre blanc sont couchées sur une tombe basse de marbre noir.)

Tous ces tombeaux peuvent être placés dans les chappelles de Saint-Hypolite et de Saint-Ladre ('), qui sont dans le collatéral du chœur, ensuitte de la chappelle des Valois et quelques-uns peuvent être placés dans cette dernière chappelle.

Plusieurs roys, reynes, princes, princesses et person-

(') Cette chapelle, de Saint-Ladre ou Saint-Lazare, ne figure pas sur le plan de Félibien; mais il n'y a point de doute sur son emplacement. Elle était située sur le bas-côté gauche et venait immédiatement avant la chapelle de Saint-Hippolyte placée elle-même dans la huitième travée du bas-côté gauche, avant le bras du transsept.

nages de distinction sont enterrés dans le chœur, sans aucune tombe ny inscription. Il paroit convenable d'en mettre ainsy que sur les corps de ceux dont on se propose de déplacer les tombeaux, lorsqu'on repavera le chœur.

GUILLAUMOT.

Ce 12 avril 1781.

A ce rapport étaient joints plusieurs autres documents, notamment un projet de sépulture royale pour les princes de la maison de Bourbon. Nous le publierons quand nous en aurons fini avec la question de déplacement des tombeaux du chœur. Nous avons déjà constaté, dans la note placée en tête de cette publication, que le projet d'ériger une sépulture convenable aux princes de la maison de Bourbon était de plusieurs années antérieur aux négociations de 1781 et que dom Boudier, avant dom Malaret, s'était fait l'avocat de ce projet.

Guillaumot avait aussi relevé les noms des princes et princesses inhumées dans le chœur de l'abbaye de Saint-Denis. Il les classe en deux catégories : 1° Ceux qui sont inhumés sous la grande croisée de l'église et qui n'ont ni tombeau, ni cénotaphe extérieurs. Ceux-là peuvent dormir en paix ; l'humilité de leur sépulture les sauvera ; 2° Ceux qui sont inhumés dans le chœur et qui ont des tombeaux hors de terre. Ceux-ci sont irrévocablement condamnés au déplacement. Sur trente-un tombeaux, celui de Dagobert, enfoncé dans le mur, trouve seul grâce devant l'architecte. Si le rapport de Guillaumot n'énumère pas toutes ces tombes, il ne les frappe pas moins toutes d'ostracisme. Car des reines qu'il ne nomme pas, Berthe, femme de Pépin, Constance, femme du roi Robert, Constance, femme de Philippe Ier, d'autres encore, partageaient la couche funèbre de leurs époux et devaient par conséquent subir le même sort.

Nous avons marqué d'un * toutes ces tombes proscrites.

XVI. — *Noms des princes et princesses inhumés dans le chœur de l'abbaye de Saint-Denis.*

ARTICLE PREMIER

Noms des princes et princesses qui sont inhumés sous la grande croisée de l'église et qui n'ont ni tombeau ni aucun cénotaphe extérieur :

1° Hugues le Grand, père de Hugues Capet..	en 956
2° Philippe Auguste, roi.................	en 1223
3° Louis VIII, roi.....................	en 1226
4° Philippe, comte de Clermont et de Boulogne................................	en 1233
5° Jean dit Tristan, comte de Nevers, troisième fils de Saint Louis..................	en 1270
6° Pierre de Beaucaire, chambellan du roi Saint Louis............................	en 1270
7° Alphonse, comte de Poitiers, frère du roi Saint Louis'............................	en 1271
8° Louis, fils aîné de Philippe le Hardi.....	en 1276
9° Marguerite de Provence, femme de Saint Louis.................................	en 1285
10° Jeanne ou Blanche de France, fille de Philippe le Bel..........................	en ....

ARTICLE SECOND

Noms des princes et princesses inhumés dans le chœur et qui ont des tombeaux qui sont hors de terre :

*1er Clovis II, roi......................	en 662
*2e Charles Martel.....................	en 741
*3e Carlóman, frère de Charlemagne......	en 771
*4e Pépin, père de Charlemagne..........	en 768
*5e Berthe, femme de Pépin.............	en 783

*6e Hermentrude, première femme de
Charles le Chauve...................... en 869
*7e Charles le Chauve, empereur.......... en 877
*8e Louis, fils de Louis le Bègue.......... en 882
*9e Carloman, fils de Louis le Bègue...... en 884
*10e Eudes, roi......................... en 899
*11e Hugues Capet...................... en 997
*12e Robert, roi........................ en 1033
*13e Constance d'Arles, femme de Robert... en 1033
*14e Henri Ier, roi..................... en 1060
*15e Louis VI, roi...................... en 1137
*16e Philippe, fils aîné de Louis VI........ en 1131
*17e Constance de Castille, deuxième femme
de Louis VII .... en 1159
*18e Isabeau d'Arragon, épouse de Philippe
le Hardi .... en 1270
*19e Philippe le Hardi, roi............... en 1285
*20e Philippe le Bel, roi................. en 1314
*21e Louis X, roi...................... en 1316
*22e Le petit roi Jean dans le tombeau de
son père.............................. en 1316
*23e La reine Jeanne de Navarre, fille de
Louis X............................... en 1349
(Tous les susdits tombeaux sont sous la grande
croisée).

TOMBEAUX DANS LE SANCTUAIRE

1er Dagobert Ier, roi................... en 642
*2e Philippe V, roi.................... en 1322
*3e Charles IV, roi.................... en 1328
*4e Jeanne de Bourgogne, épouse de Phi-
lippe VI .... en 1345
*5e Philippe VI, dit de Valois........... en 1350

*6ᵉ Le roi Jean . . . . en 1364
*7ᵉ La reine Jeanne d'Evreux, veuve de
Charles IV. . . . . en 1370
*8ᵉ Charles VIII, roi. . . . . en 1498

Sauf le tombeau de Dagobert, il ne fût rien resté, comme on voit, des monuments érigés par la piété de Saint Louis au souvenir de ses prédécesseurs. Je laisse à penser à quel état un déplacement eût réduit ces tombeaux déjà si mutilés et considérés comme barbares. Seule, la chapelle de Charles V eût été respectée. On n'eût pas touché, il est vrai, aux monuments de Louis XII, de François Iᵉʳ et de Henri II; mais qui pourrait répondre que dom Malaret, mis en goût d'innovations par ce premier succès, se fût arrêté en si beau chemin. N'avait-il pas pour lui l'approbation des artistes les plus compétents, comme on va le voir par le procès-verbal rédigé sous les yeux de M. d'Angiviller ?

XVII. — *Lettre du comte d'Angiviller à Guillaumot, architecte.*

1 may 1781

J'examinerai bien volontiers, Monsieur, le projet que vous me marquez avoir conçu pour tirer parti de l'église souterraine de Saint-Denis et en former la sépulture de nos rois. Vous pourez choisir pour vous rendre à Versailles le jour qui vous conviendra mieux de jeudy ou vendredy de cette semaine, le matin de bonne heure.

J'ai l'honneur d'être, M., votre etc.

(Arch. nat. O¹ 1174, f. 192.)

XVIII. — *Lettre de Cuvillier à dom Malaret.*

25 avril 1781.

M. le comte d'Angiviller venant de se trouver, mon révérend père, forcé de partir à l'improviste, me charge d'avoir l'honneur de vous informer qu'il se rendra samedy prochain, 28 du courant, à l'abbaye, sur les onze heures du matin, pour y procéder à la confection du procès-verbal de visite des tombeaux. Il a convoqué à cet effet les six assistants qui l'ont accompagné dans la première séance et qui se retrouveront à celle-ci.

J'ai l'honneur d'être...

P. S. Le procès-verbal énoncera votre présence et celle des principaux officiers de l'abbaye.

(Arch. nat. O¹ 1174, f. 187.)

XIX. — *Lettre de dom Malaret au comte d'Angiviller, fixant la date d'une seconde visite.*

Monsieur le Comte, (¹)

M. de Cuvillier m'annonce, d'après vos ordres, que vous voulés nous faire l'honneur de venir samedy prochain, 28ᵉ du courant, pour la confection du procès-verbal ; je suis vraiment désespéré d'être forcé à vous suplier, Monsieur le comte, à remettre le voyage à samedi 5ᵉ may, parce qu'après-demain samedy 28 du courant commence notre assemblée générale pour la province de France. Elle sera composée de soixante et douze personnes, prieurs et députés des différentes maisons. Je seray alors dans les plus grands embarras. Tout ce monde, les affaires dont on traitera ne me laisseront pas un instant à moy, et mon chagrin seroit des plus cuisants si je ne pouvois être tout entier à vous. Je prends donc la liberté de vous demander la grâce de

----

(¹) En tête de la lettre se trouve cette note : 27 avril 1781. — Le 2 may, mandé de la part de M. le D. G. qu'il se rendra le 5 may 1781.

convoquer l'assemblée à samedy, 5e may ; notre diette finira le vendredy 4e. J'ose espérer de votre bonté que vous voudrés bien m'accorder cette grâce. Daignés m'honorer toujours de votre bienveillance.

J'ay l'honneur d'être, avec le plus profond respect, etc.

A Saint-Denis, 26e avril 1781.

D. MALARET.

Cette assemblée est pour élire six députés pour se rendre à Marmoutier-lès-Tours, pour le chapitre général le 17 may.

Il fut fait selon les vœux de dom Malaret, et la séance consacrée à la rédaction du procès-verbal fut définitivement fixée, comme on le voit par le procès-verbal lui-même, au samedi 5 mai.

XX. — Rapport de la Commission sur les Tombeaux de Saint-Denis.

Charles-Claude de Flahaut de la Billardrie, comte d'Angiviller, chevalier de l'Ordre royal et militaire de Saint-Louis, commandeur de celui de Saint-Lazare, mestre de camp de cavalerie, conseiller du Roi en ses conseils, directeur et ordonnateur général des bâtimens de Sa Majesté, jardins, arts, académies et manufactures royales, grand voyer de Versailles, intendant en titre de survivance du jardin royal des plantes, pensionnaire vétéran de l'Académie des Sciences.

Il nous a été exposé par les vénérables prieur et religieux de l'abbaye royale de Saint-Denis en France, dont l'église est particulièrement destinée pour la sépulture des rois, que la rénovation des stales et du pavé du

chœur, nécessitée par les dégradations qu'y a imprimé
une révolution de plus de quatre siècles, semble auto-
riser le vœu que forme la communauté pour obtenir la
permission de retirer du chœur de l'église et de déposer
dans les chapelles particulières plusieurs tombeaux ou
cénotaphes qui, placés dans différens points du chœur,
n'y présentent depuis longtems que des masses devenues
méconnoissables par les outrages du tems, et qui ne
répondent ni à la majesté du lieu, ni à la dignité de leur
objet, en même tems qu'elles gênent habituellement le
service du chœur et rendent même, dans les occasions de
grandes cérémonies, ce service si impossible que, dans les
circonstances de cet ordre, on est forcé d'en déplacer plusieurs pour les ramener ensuite sur leurs emplacemens,
ce qui finira par en opérer la destruction entière ; qu'en
réunissant ces considérations au juste intérêt qu'a la
communauté d'employer avec autant d'utilité que de décence la dépense considérable à laquelle elle se livre,
ladite communauté s'est cru permis de désirer l'évacuation du chœur de son église et le dépôt des cénotaphes
dont il est obstrué dans une ou plusieurs chapelles particulières où ces monumens, se trouvant à l'abri de nouvelles dégradations, perpétueront plus sûrement et plus
décemment la mémoire des individus qui en sont les
objets ; qu'avant de présenter cette idée, la communauté,
en examinant elle-même si elle ne pouvoit pas compromettre le juste respect qu'elle doit à la mémoire de nos
rois, comme ses souverains et ses bienfaiteurs, a pensé
au contraire qu'elle fournissoit une preuve plus marquée
de ce respect, puisque son objet le plus précieux pour
l'opinion publique est de conserver jusques dans leurs
débris des monumens que la première occasion de mou-

vement dans le chœur de l'église anéantiroit vraisemblablement sans retour.

Cet exposé, très-favorable en lui-même, surtout à côté
de la notoriété publique sur la dégradation des tombeaux,
sur cet embarras qu'ils introduisent dans le chœur, et
auquel on n'échappe dans les grandes cérémonies qu'en
en déplaçant plusieurs, nous a néanmoins présenté la
nécessité d'examiner préalablement et avec la plus profonde attention ce qui pouvoit résulter d'une innovation
qui, dans l'opinion publique, peut paroître blesser le sentiment religieux dû aux cendres des morts, et le respect,
plus particulier encore, dû aux cendres de nos rois. Le
plus important des doutes qui se soit offert à nos idées
est celui de savoir si les tombeaux dont est question et
qui, placés sur la superficie du chœur, y sont plus ou
moins saillans, ont été destinés comme sarcophages, ou
ne l'ont été que comme des simples cénotaphes destinés
à indiquer la sépulture dont ils occupent la superficie et
à représenter la figure de l'individu qui y repose, l'affir-
mative sur l'une ou sur l'autre qualité des monumens
pouvant et devant nécessairement influencer sur le parti
à prendre; puisque si tous les monumens n'ont été que
de simples cénotaphes, les mutilations qu'ils ont souf-
fertes et qui ne laissent presque d'autres lumières aujour-
d'hui sur leur origine que celles d'une tradition très-im-
parfaite, fournissent un motif de plus pour les supprimer.
En suivant l'idée de la suppression nécessaire et possible,
nous avons pensé qu'il convenoit de s'assurer par l'examen des nécrologes, obituaires et papiers de l'abbaye, si
d'anciennes fondations n'ont point imposé à la communauté, relativement à toutes les sépultures, ou à quelques-
unes d'entre elles, le devoir d'y consacrer, à des époques
indiquées, des prières nominales et des cérémonies qui

exigeroient alors la conservation du monument pour per-
pétuer la mémoire et l'exécution des devoirs y atta-
chés.

Nous avons déféré à M. le comte de Maurepas la demande desdits religieux, et nos réflexions. Son avis ayant
justifié notre façon de penser, nous avons arrêté de nous
rendre personnellement en l'abbaye de Saint-Denis et de
nous y faire accompagner par deux des intendans généraux des bâtimens de Sa Majesté et par quatre des
membres des Académies de peinture et d'architecture, à
l'effet d'examiner avec eux, et en présence des religieux
occupant les offices de l'abbaye, la véritable nature des
monumens, les objets de leurs érections, leur état actuel
et le parti que les circonstances peuvent permettre d'a-
dopter.

Nous nous sommes en effet transportés le neuf du
mois dernier, à neuf heures du matin, en ladite abbaye
où, sur la convocation que nous avions faite, s'étoient
également rendus les sieurs *Mique* et *Hazon*, intendans
généraux des bâtimens de Sa Majesté, le sieur *Pierre*,
premier peintre du roi, directeur de l'Académie de
peinture, le sieur *Pajou*, sculpteur du roi, professeur
de l'Académie, et les sieurs *Guillaumot* et *Peyre* l'aîné,
tous deux architectes du roi et membres de l'Académie
d'architecture.

Et là, en présence des vénérables dom Malaret, prieur,
    Dom Boniface, cellerier,
    Dom Laforcade, procureur,
    Dom Mouchard, dépositaire,
Nous avons constaté tous les faits et les circonstances
que nous allons consigner dans le présent procès-verbal
que nous nous proposons de soumettre à Sa Majesté.

Nous nous sommes livrés d'abord aux recherches que

nous avions chargé les religieux de préparer pour l'examen des nécrologes, obituaires et autres papiers de l'abbaye.

Nous nous sommes assurés du silence, assurément très-singulier, mais absolu, de tous les différens papiers privés de l'abbaye, sur toutes les sépultures antiques qu'elle renferme, sur leurs époques, sur les individus, sur toutes les circonstances relatives. Nous avons cherché à y suppléer en consultant les auteurs qui ont écrit l'histoire de l'abbaye et qui sont dom Doublet à la fin du xvie siècle et dom Félibien qui écrivoit sur la fin du xviie et au commencement du xviiie. Le premier énonce au livre IV de son ouvrage, chapitre II, page 1201 qu'il y a eu des changemens dans les tombeaux, tant sous l'administration du vénérable abbé Suger, que sous le règne du roi Saint Louis qui les fit ranger, savoir : les descendans de Pépin à droite, ceux de Hugues Capet à gauche. Félibien exprime formellement, à la page 547, qu'il est certain que les tombeaux qui se voient à Saint-Denis, soit de la deuxième, soit de la troisième race, jusqu'aux enfans de Saint Louis, ne sont que de simples cénotaphes ou représentations, toutes faites du tems et par les ordres dudit roi Saint Louis, excepté ceux de Dagobert premier et de Charles le Chauve qui paroissent avoir été faits vers l'époque de l'abbé Suger.

En saisissant, comme il paroit qu'on doit le faire, dans ces deux assertions historiques la part que le roi Saint Louis a eue au mouvement que les anciens tombeaux ont éprouvé sous son règne, il ne paroit rester aucun doute que tous ces monumens n'ont jamais été que de simples cénotaphes, et qu'aucun n'a servi de sarcophage ou de dépôt cinéraire, circonstance à laquelle il n'est pas dou-

teux que la piété de Saint Louis n'eût subordonné toutes
ses vues.

De ce premier examen nous sommes passés à celui des
tombeaux eux-mêmes dans le chœur de l'Église : leur
dispersion nous a ramené à l'idée certaine que, jusqu'au
moment où l'on s'est déterminé, vers l'année 1610, à
établir dans l'église souterraine sous le chevet du chœur,
un caveau qui n'a cessé d'être depuis ce tems le dépôt
absolument réservé pour les cendres de nos rois, les
inhumations se faisoient dans les différens points du
chœur, et, en creusant le sol, le régalant ensuite, et éri-
geant quelquefois au-dessus un cénotaphe ou représentation quelconque, modifiés selon les usages et le goust
du tems.

L'érection des cénotaphes consacrés et encore existans
en mémoire de Dagobert et de Charles-le-Chauve,
ne se raportant qu'à l'abbé Suger, dont ils étoient séparés par des siècles, il en résulte d'abord bien évidemment qu'ils n'ont jamais contenu les cendres de ces
princes.

La forme des autres tombeaux dont la forme est
infiniment moindre que celui des sépultures, attestées
par l'histoire, dans le chœur de l'Église, les range natu-
rellement dans la classe des simples cénotaphes qui ne
pouroient être à considérer dans l'objet qu'ils ont eû
qu'autant que le motif s'en trouveroit dans la richesse et
le précieux du travail, ainsi que dans le bon état où ils
se seroient conservés, toutes circonstances qui n'existent
nullement, puisque ce qui subsiste encore, au millieu de
mutilations inexprimables, ne sert qu'à attester la barbarie des siècles qui ont produit ces ouvrages. Cependant, pour satisfaire dans toute l'étendue possible au premier et principal sentiment que la matière inspire, celui

du respect dû à tout ce qui intéresse la mémoire de nos rois, nous avons pensé, ainsi que tous nos assistans, qu'il convient de sonder ces anciens monumens, pour être parfaitement sûrs qu'ils n'appartiennent qu'à la classe des cénotaphes, et, qu'entièrement étrangers à la sépulture proprement dite, ils ne servent qu'à en couvrir et indiquer la superficie.

En conséquence, nous avons commis le sieur *Guillaumot*, architecte du roi, l'un de nos assistans, à l'effet par lui de se transporter de nouveau dans l'abbaye le onze de ce mois et, en présence des religieux, faire opérer avec toute la circonspection convenable, dans les différens points du chœur, les fouilles qui peuvent conduire aux vérifications dont il s'agit.

Ledit sieur *Guillaumot* ayant rempli sa commission ledit jour, onze du courant, et nous en ayant rendu compte, il est demeuré constant par les fouilles qu'il a fait opérer aux extrémités et sur les rives des tombeaux ou cénotaphes de Clovis II, de Philippe le Hardi, de Louis X, de Philippe le Bel et de Charles Martel, que tous ces tombeaux se réduisent à de simples représentations, dont aucune n'a jamais reçu le dépôt des cendres de l'individu, objet du monument, que toutes ces représentations reposent sur de légers massifs au-dessous desquels, et dans l'intérieur du sol, à la profondeur d'un pied environ, sont placés des cercueils, tantôt en pierre, tantôt en plomb : il est même constant par les autres recherches faites dans différens points du chœur qu'il n'y a que les cénotaphes propres aux descendans de Saint Louis qui soient placés au-dessus de leurs sépultures, et que presque tous les autres cénotaphes ont successivement pris les places qu'on a jugé à propos de leur assigner dans les modifications successivement données à l'arrangement du chœur, soit sous le règne de Saint Louis, comme l'ont rapporté les pères Doublet et Félibien, soit lorsqu'en 1610, à l'occasion du couronnement de la reine Marie de Médicis, on supprima ce qu'on appeloit alors l'autel de la Trinité ou l'autel matutinal, ainsi qu'une cloison ou grille de fer qui, suivant la tradition, partoit du derrière de cet autel et traversoit tout le chœur ; ce qui laisse à conjecturer que plusieurs des tombeaux, aujourd'hui isolés et épars dans le chœur, étoient jadis amoncelés et joignant l'autel matutinal et la grille de fer, et, au moyen de cette position, appliqués peut-être sur la superficie des sépultures qui en avoient occasionné l'érection : d'où il est naturel de conclure que, dans l'état actuel, tous les anciens tombeaux n'appartiennent plus qu'à la classe des cénotaphes et sont même très-étrangers aux sépultures effectives sur lesquelles ils ne se trouvent assis que parce que toute l'étendue du chœur paroit en contenir, ainsi que l'ont indiqué les fouilles faites dans des points qui ne sont pas surmontés par des tombeaux, et qui ont présenté des cercueils, les uns en pierre, les autres en plomb.

D'après les connoissances résultantes des opérations dont nous avions confié le soin audit sieur *Guillaumot*, et que nous venons de constater, nous avons cru devoir nous rendre de nouveau en ladite abbaye de Saint-Denis, ce que nous avons exécuté le cinquième jour du mois de mai, en y rappelant également lesdits sieurs *Mique, Hazon, Pierre, Pajou, Guillaumot* et *Peyre*, pour y examiner définitivement l'état des monumens dont le déplacement est demandé, les considérer sous les raports de l'importance ou de l'intérêt qu'ils peuvent présenter, comme des monumens érigés à la mémoire de nos rois, ou simplement comme de ces productions des premiers âges qui ne tirent leur prix que de leur antiquité même.

L'examen le plus approfondi n'a pu nous présenter rien de précieux, même de supportable, soit dans les matériaux, soit dans les modifications que la barbarie des artistes de ces tems éloignés s'est efforcé d'y donner. Deux seuls de ces tombeaux (et ce sont ceux de Charles le Chauve et de Charles VIII) offrent des figures de bronze; parmi les autres, quelques-uns présentent des massifs revêtus en marbre noir sur lesquels sont couchées des figures de marbre blanc. Le plus grand nombre ne présente que des figures et des massifs de pierre. Nulle partie n'annonce dans son auteur la plus légère connoissance de l'art ni de ses premiers élémens, et les mutilations ont tellement ajouté à l'imperfection du premier état, qu'aujourd'hui la pluspart des tombeaux laissent au spectateur une sorte d'incertitude de l'espèce des figures qu'il y apperçoit, ou tout au moins le regret de n'avoir à exercer ses recherches, dans le lieu qui devroit être le plus majestueux et le plus respectable, que sur les représentations les plus hideuses et les moins propres à inspirer cette vénération qui a néanmoins été le premier objet de leur établissement.

En examinant les différens cénotaphes, nous avons remarqué que leur érection n'a jamais été d'un usage constamment et régulièrement suivi, et que ceux qui existent paroissent n'avoir été donnés qu'à des circonstances particulières; en sorte que la sépulture de plusieurs de nos souverains, constamment prise dans le chœur de Saint-Denis, n'y présente néanmoins aujourd'hui ni cénotaphe, ni inscription. Telles sont particulièrement les sépultures de Philippe Auguste et de Louis VIII, ayeul et père de Saint Louis; de François II, de Charles IX et de Henri III. Ainsi donc, tous les antiques monumens contenus dans le chœur de Saint-Denis, en leur donnant même le prix qu'ils n'ont pas, ne pourroient servir à établir la chronologie exactement suivie de nos souverains.

D'après tous les faits que nous venons d'établir, et après avoir mûrement réfléchi avec nos assistans toutes les considérations qui se rapportent à la matière, il nous a paru difficile de ne pas adhérer au vœu de l'abbaye et de la communauté des religieux de Saint-Denis pour l'évacuation du chœur de son église et le transport des monumens qui n'y subsistent qu'avec une sorte d'indécence, dans des chapelles particulières très-multipliées dans cette église et parmi lesquelles il nous a paru provisoirement qu'on pourroit choisir les chapelles de Saint-Hippolite et de Saint-Lazare, à la suite de la chapelle des Valois qui peut même recevoir quelques-uns de ces monumens.

Nous estimons aussi que, pour indiquer dans les différens points du chœur les sépultures qui y sont connuës, de rois, reines, princes et princesses, dont quelques-unes se trouvoient marquées par les cénotaphes qu'il s'agit de supprimer et dont le plus grand nombre n'a point de signe extérieur, il convient dans l'arrangement du pavé neuf du chœur, d'encastrer des carreaux portant renseignement simple des sépultures connuës.

Nous nous réservons de soumettre à l'examen et à la décision de Sa Majesté les idées que la circonstance nous a mis dans le cas de prendre, pour imprimer au respectable dépôt confié à l'abbaye de Saint-Denis le caractère de grandeur et de majesté qu'il doit présenter et qu'il paroit qu'on a trop négligé.

Et nous terminons notre procès-verbal par l'énumération des tombeaux ou cénotaphes dont le déplacement nous paroit indispensable en même tems qu'il est sans inconvénients par les motifs que nous en avons déduits ([1]).

CÔTÉ DE L'ÉPÎTRE :

Cénotaphes de
1. Clovis II; *à sa gauche*, Charles Martel;
2. Carloman, fils de Louis le Bègue; *à sa gauche*, Louis, son frère;
3. Pépin; *à sa droite*, Berthe, sa femme;
4. Isabelle d'Arragon;
5. Philippe le Hardi;
6. Philippe le Bel.

CÔTÉ DE L'ÉVANGILE :

7. Hugues Capet; *à sa gauche*, le roi Eudes;
8. Robert; *à sa gauche*, Constance d'Arles;
9. Louis le Gros; *à sa gauche*, Henri Ier;
10. Philippe, fils de Louis le Gros; *à sa gauche*, Constance de Castille, femme de Louis le Jeune;
11. Carloman, fils de Pépin; *à sa gauche*, Hermentrude, femme de Charles le Chauve;
12. Louis le Hutin; *à sa gauche*, Jean, son fils posthume;
13. Jeanne de Navarre, fille de Louis X.

AU MILLIEU DU CHŒUR :

14. Charles le Chauve.

([1]) Il n'est pas inutile de faire remarquer que dans cette énumération sont compris tous les tombeaux ou sarcophages enfermés dans l'enceinte du chœur. Deux seulement échappent à la proscription générale parce que les personnages qu'ils rappellent n'ont été honorés que d'une simple tombe plate qui ne saurait gêner les bons religieux. Ce sont les tombes de **Marguerite de Provence**, femme de Saint Louis, et de **Hugues le Grand**, père de Hugues Capet, la première formée d'une lame de cuivre, la seconde en pierre de liais.

SUR LES MARCHES DE L'AUTEL :

15. Charles VIII.

CROISÉE DU SANCTUAIRE :

16. Philippe le Long ;
17. Charles IV ;
18. Jeanne d'Évreux ;
19. Jeanne de Bourgogne ;
20. Philippe VI ;
21. Le roi Jean.

Fait et arrêté en l'abbaye royale de Saint-Denis sous les signatures de nosdits assistans, celle des vénérables religieux présens à nos examens et la notre, ledit jour, cinq may mil sept cent quatre vingt un.

(Signatures de :) DOM AND. MALARET, prieur ; — DOM BONIFACE, cellerier; — DOM LAFORCADE, procureur; — DOM MOUCHARD, dépositaire ; — MIQUE ; — HAZON ; — PIERRE ; — PAJOU; — PEYRE; — GUILLAUMOT ; — DE FLAHAUT D'ANGIVILLER ([1]).

XXI. — *Note jointe au rapport de la Commission :*

SÉPULTURE DES ROIS.

Le procès-verbal cy joint présente les détails nécessaires pour statuer, soit par refus, soit par adhésion, sur la permission, que demande la communauté, de sortir du

---

([1]) Il existe au dossier une minute non signée de ce procès-verbal et une copie qui porte les signatures transcrites.
On verra plus loin qu'il en fut fait des copies pour le donner en communication à des personnages chargés ultérieurement d'examiner le projet

chœur et de déposer dans des chapelles un nombre de cénotaphes qui ne présentent depuis longtems que des simulacres, presque tous anonimes, et indevinables pour les spectateurs, et indécents par les mutilations qu'ils ont éprouvées.

Mais en supposant que la permission requise soit accordée, la rénovation du pavé du chœur de l'église qui en sera la suite, comme elle en est l'objet; présente une question vraiment intéressante à examiner et à résoudre.

Les tombeaux à déplacer sont de purs cénotaphes dégagés de tous dépôts cinéraires.

Mais tout le terrein que ces cénotaphes recouvrent, et en général, tout le sol du chœur est pour ainsi dire pavé de cercueils qu'on y retrouve à un pied environ de profondeur.

Des fouilles qui n'ont été, pour ainsi dire, qu'essaiées ont présenté tout d'un coup des cercueils, les uns en plomb, les autres en pierre.

L'établissement d'un pavé neuf dans toute l'étendue du chœur exigera nécessairement des fouilles, et les essais déjà faits présentant les cercueils presque à la superficie, il est sensible que toutes les sépultures vont se trouver à la merci des ouvriers, et que l'opinion publique peut raisonablement s'en offenser beaucoup.

Le gouvernement semble ne devoir pas négliger cette considération.

L'abbaye elle-même doit s'en occuper non seulement avec ce sentiment religieux qui est particulièrement de son essence, mais avec celui du respect qu'elle doit au dépôt qui luy est confié et qu'elle ne peut négliger sans encourir la censure publique.

Il paroitroit convenable de profiter de la circonstance pour subordonner la permission qui seroit donnée à l'abbaye de déplacer les cénotaphes et de réparer le chœur, à la condition absolue de faire construire dans ce chœur un caveau dans lequel on déposeroit décemment tous les cercueils qui seroient relevés, en apposant sur l'ouverture de ce caveau une inscription rédigée d'après le procès-verbal qui seroit dressé du dépôt, de ses objets et de toutes les circonstances qui l'auroient précédé.

La construction de cette cave n'est point d'une dépense qui puisse arrêter la communauté, et on ne doute point qu'elle-même ne l'eût proposé, si elle avoit embrassé toutes les idées accessoires à son projet de réparer le chœur de son église.

Avant d'aller plus loin, il est temps de donner connaissance d'un projet de Guillaumot dont nous avons déjà parlé et qui au moins ne présentait pas les mêmes dangers que celui de dom Malaret. Nous n'avons pas voulu interrompre les travaux de la commission chargée de la visite des tombeaux du chœur ; aussi nous faut-il revenir de quelques jours en arrière, car le projet de Guillaumot porte la date du 30 avril.

Frappé, après dom Boudier, de cette singulière anomalie que la mémoire des rois de la dynastie des Bourbons n'était même pas rappelée par un monument extérieur dans l'abbaye de Saint-Denis, tandis que leurs plus obscurs prédécesseurs s'y trouvaient représentés par des effigies funéraires, Guillaumot avait entrepris de réparer cet oubli et de mettre à exécution les projets déjà proposés par le prédécesseur de dom Malaret. Il présenta donc un plan avec un dessin de la décoration telle qu'il l'entendait. Son collègue, Peyre l'aîné, fut sans doute chargé d'en faire autant, et ce second projet parut plus séduisant que celui de Guillaumot, car dans la suite il n'est question que des plans et devis de Peyre. Nous joignons à ces pièces une note anonyme sur les sépultures des Bourbons, indiquant l'ordre dans lequel les cercueils étaient rangés. Cet ordre n'est pas identique à celui que donne Félibien. Cette note a sans doute été rédigée par un religieux avant la mort de Louis XV, car on voit que le cercueil de Louis XIV attendait encore, dans le caveau des cérémonies, la mort de son successeur pour aller rejoindre son père au fond du grand caveau central.

XXII. — *Lettre de Guillaumot au comte d'Angiviller, au sujet de la sépulture des Bourbons* ([1]).

Monsieur,

Le désir de vous donner des preuves de mon zèle sans la moindre prétention d'être chargé d'une opération que vous avés vraisemblablement destinée à un autre ([2]) m'a fait jetter sur le papier quelques idées relatives au party qu'on pourroit tirer de l'église souteraine de Saint-Denys pour la sépulture de nos roys, dont le projet est absolument de vous. Ce party m'a paru si intéressant et si pittoresque que j'en ay fait mettre les desseins au net par une main plus habile que la mienne. Si vous vouliés, Monsieur, me faire la grâce de m'accorder un moment d'audience avant le jour où vous comptés retourner à Saint-Denys, j'aurois l'honneur de vous les porter, et si j'ay saisy vos idées, Monsieur, peut-être ne vous paraîtront-ils pas tout à fait inutiles pour avoir un objet de comparaison lorsque vous ordonnerés les projets pour l'exécution, et j'auray la satisfaction de n'avoir pas laissé échapper cette occasion de vous prouver mon zèle.

Je suis avec le plus profond respect, etc.

GUILLAUMOT.

Paris le 30 Avril 1781.

([1]) En marge on lit cette note : 1er may 1781. — Même jour répondu que son projet sera examiné volontiers et qu'il peut l'apporter le 3 ou 4 courant à son choix.

([2]) Cette phrase semble indiquer qu'on avait déjà parlé en haut lieu de la construction de la sépulture des Bourbons et que Peyre était désigné d'avance pour présider à cette opération.

XXIII. — *Mémoire au sujet de la sépulture des Bourbons
à Saint-Denis.*

PROJET DE M. PEYRE.

L'histoire des peuples de la plus haute antiquité nous
apprend que l'usage d'ériger des monumens pour y conserver les cendres ou les corps des souverains, et même
des familles considérables est presque aussi ancien que
le monde.

Les Égyptiens ont élevé ces fameuses pyramides avec
un luxe et une dépense énormes ; les Grecs et les Romains ont suivi leur exemple, et il existe encore des
restes très-précieux de ces fameux monumens.

Plusieurs nations modernes ont élevé aussi des monumens considérables pour le même objet : En Espagne,
l'Escurial ; en Angleterre, Wesminster. La famille des
Valois avoit fait construire à Saint-Denis un monument
d'une très-belle architecture qui n'avoit pas été fini et
qui a été détruit dans l'autre siècle. Il existe encore dans
la même église de Saint-Denis quelques tombeaux élevés
avec beaucoup de magnificence pour plusieurs de nos
souverains. Il n'y a que la famille des Bourbons qui n'ait
pas une sépulture convenable ; rien n'indique le lieu où
est ce précieux dépôt ; une simple trape sert d'entrée au
caveau ; l'on y descend par un très-petit escallier fort
roide au bas duquel est un corridor tortueux qui n'a que
trois pieds de large et qui conduit à cette espèce de cave
où il n'y a point d'air et où les corps sont sur des chan-
tiers très-pressés, tels que le sont des tonneaux dans les
caves des particuliers. Comme on n'entre point dans ce
caveau, excepté les jours d'obsèques, les étrangers qui
se transportent à Saint-Denis pour y voir la sépulture de

nos souverains n'ont d'autres renseignemens sur celle de la famille des Bourbons que la trape du caveau que l'on leur montre, et un petit livret qui se vend six sols à la porte de l'Église, où est gravé le caveau et les noms des princes et princesses qu'il renferme.

Rien ne nous rappelle davantage les vertus et les grandes actions des hommes qui ont existé avant nous que la vüe de leurs cercueils ; il nous semble que leur âme soit avec leurs corps encore existans dans ces monumens ; cela est si vrai que l'on ne s'en approche qu'avec une sorte de crainte mêlée de respect. L'air que l'on respire dans ce lieu semble annoblir notre existance et inspirer à notre âme les vertus de ces grands hommes. On a vu des soldats tirer leurs épées et les faire toucher aux tombeaux de Turenne et de Condé. Il seroit donc nécessaire que le public puisse quelquefois visiter ces sépultures si dignes de nos hommages, ce qui est impossible tant que ce dépôt précieux ne sera pas dans un lieu décent.

Monsieur le comte d'Angiviller, toujours animé de zèle et d'amour pour tout ce qui peut contribuer à la dignité de la nation, et rien n'étant plus digne de son attention que le culte que nous devons à la mémoire des ancêtres de notre monarque, surpris, ainsi que toute la France, que l'on ait négligé jusqu'à ce jour ce dépôt si intéressant, a reconnu qu'il seroit possible d'arranger l'église souterraine qui existe sous le chœur de l'abbaye de Saint-Denis, afin que l'on y puisse transporter et placer décemment les corps qui sont dans le caveau.

Il a bien voulu me communiquer cette belle idée et m'a donné ses ordres pour dessiner et faire le détail de ce que coûterait cet arrangement.

DESCRIPTION DE CE PROJET :

L'on descend à cette église souterraine par deux escalliers qui sont aux deux côtés du chœur. Elle est composée de neuf chapelles et une nef tournante.

Au-dessous du chœur, à la place où est actuellement le caveau l'on construiroit une chapelle ardente de forme ronde, ouverte par six arcades qui donneroient dans la nef et dans des passages qui s'alligneroient avec les deux premières chapelles. Dans chacune des chapelles on construiroit en marbre noir trois supports qui contiendroient chacun quatre cercueils (¹), excepté dans la chapelle du milieu où l'on n'en construiroit que deux afin de laisser la place d'un autel où l'on diroit la messe tous les jours. Il y auroit aussi plusieurs supports dans la nef et dans les passages, comme ils sont indiqués sur le plan.

Cette Église contiendroit cent soixante cercueils sans y comprendre ceux que l'on pourroit isoler dans les chapelles.

Les colonnes de la nef seroient revêtues de marbre noir, les bases et les chapiteaux seroient en marbre blanc. Tous les pilliers et murs seroient revêtus de marbre jaune, les voûtes de la chapelle ardente, des autres chapelles et de la nef seroient en stuc imitant le marbre jaune.

Les cercueils seroient recouverts de draperies en plomb bronzé, sur lesquelles seroient les inscriptions ; les colonnes de la nef et les pilliers de la chapelle ardente seroient aussi couverts de draperies en plomb bronzé ; on pourroit aussi y mettre des inscriptions.

(¹) Les anciens arrangeoient ainsi les corps dans leurs chambres sépulchrales ; ils sont arrangés de même à l'Escurial. (*Note du rédacteur du projet.*)

Les marches et socle du monument au milieu de la chapelle ardente seroient de marbre noir et les quatre cassoletes en bronze.

Les fonds des quatre arcades feintes de la chapelle ardente seroient en marbre noir. Le pavé de la chapelle ardente, de la nef, des autres chapelles et passage seroit en marbre noir et blanc. Il y auroit dans chaque arcade de la chapelle ardente et des autres chapelles des lampes qui seroient toujours allumées.

L'on réserveroit dans toutes les chapelles de petites croisées rondes ou œil de bœuf pour donner de l'air, ce qui seroit nécessaire pour rendre ce lieu sain.

On laisseroit exister le corridor et la trape qui donne dans le chœur, afin que si l'on regardoit le cérémonial que l'on a observé jusqu'à présent comme chose d'étiquette, l'on puisse toujours en faire usage.

Il seroit d'autant plus facile de se servir de ce lieu pour y former cette sépulture que les Religieux n'en font aucun usage, que cette Eglise souterraine est très-bien construite, qu'elle est parfaitement conservée, et qu'elle se trouve disposée on ne peut pas plus avantageusement pour que l'on puisse donner toute la dignité qu'il convient à ce monument.

XXIV. — *Extrait et appréciation de la dépense à faire pour les construction et décoration de l'Eglise souterraine de l'abbaïe roiale de Saint-Denis* [1].

MAÇONNERIE :

Pour la construction de la chapelle ardente, celles qui

[1] En marge se trouve cette note, de la main de M. d'Angiviller : « Ce devis est de M. Peyre aîné, architecte qui l'a rédigé en 1781. »

la précèdent, les raccommodemens des bas-côtés, corridors et ancien caveau, la somme de 44.000 ⋕

La dépose et repose de l'autel, des stalles, marches, balustrades, carreau et massif du chœur de l'église haute, estimés la somme de. 6.000 ⋕

La charpente des cintres et étayemens estimés la somme de.. 6.000 ⋕

56.000 ⋕

MARBRERIE :

Les colonnes des bas-côtés en marbre de Sainte-Anne, les chapiteaux et bases en marbre blanc veiné, les revêtemens des murs en brèche d'Alep, les cases portant les cercüeils dans les sept chapelles en marbre noir, l'estrade de la chapelle ardente et le carreau en marbre noir et blanc, estimés...................... 150.000 ⋕

STUC :

Pour toutes les voûtes de la chapelle ardente, celles de toutes les autres chapelles et bas-côtés, et la sculpture desdites voûtes, la somme de................. 45.000 ⋕

PLOMBERIE :

Les draperies sur les colonnes des bas-côtés, sur les pilliers de la chapelle ardente et sur les 80 cercüeils, estimés......... 10.000 ⋕

A reporter .... 261.000 ⋕

Report...... 261.000 #

BRONZES :

Pour bronzer tous lesdits objets
de plomb. .... 3.000 #

Les quatre cassolettes de la chapelle ardente en bronze, estimées
la somme de................. 2.000 # } 5.000 #

Pour la démolition des deux portes d'entrée de ladite église souterraine la somme
de................................. 8.000 #

Pour menuiserie, serrurerie, vitrerie et
peinture des portes et croisées, la somme
de .... 4.000 #

278.000 #

A ces parties (¹) qui ne comprennent que
les caves elles-mêmes, il faut joindre le
rétablissement du pavé du chœur, la restauration des tombeaux mutilés et les
réparations du chevet de l'église sous
lequel seront placés tous les édifices sou-
terreins.

Et d'après les détails établis, ces parties
exigeront une dépense de....... 190.000 #

Et pour ce qu'on peut prévoir,
on spécule une somme de ...... 25.000 } 215.000 #

Total de dépense (¹) .... 493.000 #

(¹) Ce paragraphe, jusqu'à la fin du devis, a été ajouté postérieurement,
peut-être par M. d'Angiviller.

(¹) Le dossier renferme un double exemplaire de ce devis.

XXV. — *Sépulture des princes et princesses de la famille royale de la branche de Bourbon dans l'église royale de Saint-Denis en France* ([1]).

Le caveau où reposent le corps des princes et des princesses de la famille royale de la branche de Bourbon à commencer par le roi Henri IV est sous le chevet de l'église de Saint-Denis. Son entrée est dans le chœur, proche la grille latérale du côté du midi, aux pieds des tombeaux de Philippe le Hardi et de Philippe le Bel et cette entrée est fermée par trois grosses pierres de marbre blanc encadré dans un marbre de couleur.

Lorsque les deux pierres les plus proches de la représentation du feu roy sont levées, il y a sept à huit marches à descendre pour entrer dans le caveau des cérémonies. C'est là où repose le corps de Louis XIV décédé en 1715. Il est placé sur des barres de fer élevées de deux pieds et demi ou environ de terre; et placées du côté méridional qui est le côté droit en entrant. Le cercueil est de façon que la tête est du côté du couchant et les pieds du côté de l'orient. Ce caveau n'a que sept pieds de large sur neuf pieds de long. Il est voûté et a environ sept pieds de haut. On l'appelle le caveau des cérémonies parceque c'est là où depuis plus de deux cent cinquante ans on a toujours déposé les corps des rois lors de leur pompe funèbre, ainsi que toutes les marques de la royauté qu'on est dans l'usage d'inhumer dans ces tristes cérémonies. Les corps des rois restoient dans ce caveau jusqu'à ce que l'endroit de l'église choisi pour leur sépulture fût préparé et en état de recevoir les corps qui y étoient destinés. Ce caveau a été fait pour la reine Anne

---

([1]) Ce second mémoire, qui ne porte pas de signature, ni d'indication qui puisse faire reconnaître l'auteur, serait peut-être de Guillaumot.

de Bretagne, épouse de Charles VIII et de Louis XII, et l'on y voit encore ses armes. Il est d'usage que le corps du roi dernièrement décédé soit toujours dans ce caveau et c'est la raison pour laquelle le lit de parade ou la lectique, continuellement dressée pour dénoter le tombeau du feu roi, est placée au-dessus de ce caveau.

Anciennement il n'y avoit aucune communication du caveau des cérémonies au grand caveau qui est sous le chevet ; c'est en 1683, à l'occasion de la mort de la reine Marie-Thérèse d'Autriche, épouse de Louis XIV, que cette communication a été faite ; on a percé pour cela au travers du massif du sanctuaire et on a pratiqué un corridor de communication entre les deux caveaux. Ce corridor a environ sept toises et demie de longueur et va un peu en tournant lorsque l'on sort du caveau des cérémonies ; il est voûté, et il a trois pieds de largeur sur sept pieds de hauteur.

Le grand caveau a dans sa longueur, d'un mur à l'autre, cinquante-quatre pieds, et quinze à seize pieds dans sa plus grande largeur. Sa hauteur est de douze pieds sous voûte ; il y a des deux côtés de ce caveau des barres de fer élevées de terre à la hauteur de deux pieds et demi ou environ ; et c'est sur ces barres de fer que sont posés les cercueils ; ils sont tous en travers ; ceux qui sont du côté méridional, qui est le côté droit en entrant, ont la tête au midi et les pieds au septentrion ; et ceux qui sont du côté septentrional, qui est le côté gauche en entrant, ont la tête du côté du septentrion et les pieds du côté du midi, de sorte que les pieds des cercueils sont dans le milieu du caveau ; et il n'y a d'espace que pour passer une personne. Les cercueils les plus anciens sont dans le fond du caveau proche le mur qui répond au-dessous de l'autel de Saint-Denis du chevet. Il y a actuellement quarante-sept cercueils, tant grands que petits, et comptant celui de Louis XIV qui est dans le caveau des cérémonies. Il y a en outre deux cœurs ; et sous la plupart des cercueils sont les entrailles enfermées dans des coffres ou barils de plomb.

Ordre dans lequel les cercueils sont rangés :

Du côté méridional qui est le côté droit en entrant et en commençant par le fond du caveau.

1° Henri IV, roi de France et de Navarre, décédé en 1610.

2° Louis XIII, roi de France et de Navarre, décédé en 1643.

3° Marie de Médicis, reine épouse du roi Henri IV, décédée en 1642.

4° Anne d'Autriche, reine épouse du roi Louis XIII, décédée en 1666.

5° Marie-Thérèse d'Autriche, reine épouse du roi Louis XIV, décédée en 1683.

6° Marie-Anne-Christine de Bavière, Dauphine, épouse de Louis, Dauphin de France, fils de Louis XIV, décédée en 1690.

7° Louis, Dauphin de France, fils du roi Louis XIV, décédé en 1711.

8° Louis, duc de Bourgogne, petit-fils de Louis XIV, Dauphin par la mort de son père, décédé en 1712.

9° Marie-Adélaïde de Savoie, Dauphine, épouse de Louis, duc de Bourgogne, Dauphin de France et mère du roi Louis XV, décédée en 1712.

10° N. de France, duc de Bretagne, fils de Monsieur le duc de Bourgogne, décédé enfant en 1705.

11° Louis, duc de Bretagne, second fils de Monsieur le duc de Bourgogne et Dauphin de France par la mort de Monsieur le duc de Bourgogne, décédé enfant en 1712.

12° Marie Lecsinska, princesse de Pologne, reine épouse du roi Louis XV, décédée en 1768.

13° Marie-Thérèse d'Espagne, Dauphine, première épouse de Louis, Dauphin de France, fils du roi Louis XV, décédée en 1746.

14° N. de France, duc d'Anjou, second fils du roi Louis XV, décédé enfant en 1733.

15° Xavier-Marie-Joseph de France, duc d'Aquitaine, second fils de Monsieur le Dauphin, fils de Louis XV, décédé enfant en 1754.

16° Mad. Marie-Thérèse de France, fille aînée du premier mariage de M. le Dauphin, fils de Louis XV, décédée enfant en 1748.

17° Mad. Marie-Zéphirine de France, fille aînée du second mariage de Monsieur le Dauphin, fils de Louis XV, décédée enfant en 1755.

18° Mad. Anne-Henriette de France, fille de Louis XV, décédée en 1752.

19° Mad. Louise-Elizabeth de France, épouse de Dom Philippe, infant et frère du roi d'Espagne et duc de Parme, décédée en 1759.

20° Mad. Louise-Marie de France, troisième fille du roi Louis XV, décédée enfant en 1733.

21° Louis-Joseph-Xavier de France, duc de Bourgogne, fils aîné de Monsieur le Dauphin fils de Louis XV, décédé à l'âge de neuf ans et demi en 1761.

Du même côté méridional dans une petite arcade, au-dessus des cercueils de la Reine, épouse de Louis XV, et de Madame la Dauphine Marie-Thérèse d'Espagne, il y a deux cœurs de vermeille qui sont :

22° Le cœur de Louis, Dauphin de France, fils du roi

Louis XV, décédé en 1765.

23° Le cœur de Marie-Josèphe de Saxe, Dauphine de France, seconde épouse de Louis, Dauphin de France, fils de Louis XV, décédée en 1767.

Du côté septentrional qui est le côté gauche en entrant et en commençant par le fond du caveau.

24° N. duc d'Orléans, second fils du roi Henri IV, décédé enfant en 1611.

25° Marie de Bourbon, duchesse de Montpensier, première épouse de Gaston de France, duc d'Orléans, frère de Louis XIII, décédée en 1627.

26° Gaston-Jean-Baptiste de France, duc d'Orléans et frère de Louis XIII, décédé en 1660.

27° Marguerite de Lorraine, seconde épouse de Gaston de France, duc d'Orléans, décédée en 1672.

28° Henriette-Marie, fille du roi Henri IV et reine d'Angleterre, à cause de son mariage avec Charles Ier, roi d'Angleterre, décédée en 1669.

29° Henriette-Anne Stuart, fille de Charles premier, roi d'Angleterre, première épouse de Philippe de France, duc d'Orléans, frère du roi Louis XIV, décédée en 1670.

30° Anne-Marie-Louise d'Orléans, duchesse de Montpensier, fille du premier lit de Gaston de France, duc d'Orléans, décédée en 1693.

31° Philippe de France, duc d'Orléans, frère unique du roi Louis XIV, décédé en 1701.

32° Elizabeth-Charlotte, palatine de Bavière, seconde épouse de Philippe de France, duc d'Orléans, frère du roi Louis XIV, décédée en 1722.

33° Charles de France, duc de Berry, troisième fils de Louis Dauphin, fils du roi Louis XIV, décédé en 1714.

34° Marie-Louise-Elizabeth d'Orléans, épouse de Mon-

sieur le duc de Berry, petit-fils de Louis XIV, décédée
en 1719.

35° Philippe, duc d'Orléans, fils de Monsieur, frère de
Louis XIV, et régent du royaume pendant la minorité de
Louis XV, décédé en 1723.

Du même côté septentrional, qui est le côté gauche en
entrant, il y a un petit mur qui a au plus deux pieds d'é-
lévation, sur lequel il y a treize cercueils d'enfants, rangés à côté l'un de l'autre dans la même position que les
grands cercueils qui sont sur les barres de fer ; c'est-à-
dire qu'ils ont la tête du côté du septentrion ; le plus ancien est le plus proche du cercueil de Monsieur le Régent.
Ces cercueils sont :

36° N. d'Orléans, duc de Valois, fils du second lit de
Gaston de France, duc d'Orléans, décédé le 10 août 1652,
âgé de deux ans moins sept jours.

37° Marie-Anne d'Orléans de Chartres, fille du second
lit de Gaston d'Orléans, décédée le 17 aoust 1656, âgée
de quatre ans.

38° Anne-Elizabeth de France, première fille du roi
Louis XIV, décédée le 30 décembre 1662, âgée de qua-
rante-deux jours.

39° Marie-Anne de France, seconde fille de Louis XIV,
décédée le 26 décembre 1664, âgée de quarante jours.

40° Philippe de France, duc d'Anjou, second fils du
roi Louis XIV, décédé le 10 juillet 1671, âgé de trois
ans.

41° Marie-Thérèse de France, troisième fille de
Louis XIV, décédée le 1er mars 1672, âgée de cinq ans et
deux mois.

42° Louis-François de France, duc d'Anjou, troisième

5

fils de Louis XIV, décédé le 4 novembre 1672, âgé de quatre mois et dix-sept jours.

43° N. d'Orléans, seconde fille du premier lit de Monsieur le duc d'Orléans, frère de Louis XIV, décédée le 9 de juillet 1665, peu de tems après sa naissance.

44° Philippe-Charles d'Orléans, duc de Valois, fils du premier lit de Monsieur, frère du roi Louis XIV, décédé le 8 décembre 1666, âgé de seize mois, dix-sept jours.

45° Alexandre-Louis d'Orléans, duc de Valois, fils du second lit de Monsieur, frère du roi Louis XIV, décédé le 16 mars 1676, âgé de près de trois ans.

46° N. de Berry, fille de Monsieur le duc de Berry, morte en naissant le 21 juillet 1711.

47° Charles de Berry, duc d'Alençon, fils de Monsieur le duc de Berry, mort le 15 avril 1713, âgé de vingt-un jours.

48° Marie-Louise-Elizabeth de Berry, fille posthume de Monsieur le duc de Berry, morte le 16 juin 1714, âgée de douze heures.

(Anonyme).

Malgré l'adhésion pleine et entière donnée par le comte d'Angivillers au projet de dom Malaret et l'assentiment de ses conseillers intimes, l'affaire ne laissait pas de rencontrer certaines résistances, Nous avons constaté plus haut la protestation énergique, sous ses formes respectueuses, du vicaire général de Saint-Germain-des-Prés. Dom Mousso n'était, en cette circonstance, que l'interprète des sentiments de son ordre, comme on peut s'en convaincre par les lettres suivantes adressées à M. d'Angiviller par l'archevêque de Paris, Christophe de Beaumont. Il semble résulter clairement de toute cette correspondance que dom Malaret s'était beaucoup trop avancé en assurant que ses projets avaient l'approbation des religieux de Saint-Denis; il est fort probable qu'il avait engagé les négociations de lui-même, sans en parler à qui que ce fût, comptant, pour la conduire à terme, sur l'autorité du directeur des bâtiments et du comte de Maurepas. Les choses avaient d'abord marché au gré de ses désirs ; mais, après ces visites officielles répétées, après les perquisitions faites par Guillaumot sous les tombeaux et sous le pavé du chœur, les religieux s'étaient émus et avaient compris toute la gravité de l'acte qu'on voulait en quelque sorte leur imposer.

Cette opposition imprévue donna à réfléchir aux promoteurs du projet, et bientôt dom Malaret lui-même, obligé d'avouer implicitement l'inconvenance du déplacement proposé , dut s'arrêter à un changement moins radical. On verra plus loin, par sa lettre du 1er septembre 1781, à quelles limites il dut borner ses prétentions. C'était trop encore. Le temps d'ailleurs, l'argent surtout manqua pour l'exécution de ce nouveau plan ; ainsi fut épargné, à la royauté, un sacrilège inutile, une profanation impie.

XXVI. — *Lettre de M. d'Angiviller à l'archevêque de Paris.*

24 juin 1781.

Monseigneur,

Me permettrez-vous de rapeller votre attention sur une lettre que j'ai eu l'honneur de vous écrire très peu de jours avant l'Ascension, c'est-à-dire vers le 15 ou 16 du mois dernier (1) pour vous demander un moment de conférence sur quelques arrangements relatifs aux tombeaux de nos rois dans l'abbaye de Saint-Denis. J'ai lieu de croire que votre secrétariat aura obmis de vous reparler de cet objet, puisque vous m'avez, Monseigneur, laissé sans réponse. J'en prens droit de vous réitérer ma prière. J'en attens l'événement pour reporter l'affaire

_____

(1) La lettre antérieure à l'archevêque de Paris, dont il est ici question, manque au registre où nous avons trouvé celle du 24 juin et les suivantes.

sous les yeux du Roy. Je me rendrai volontiers à Conflans si cela vous est plus commode, et tous les jours me
seront égaux, à l'exception de vendredy prochain, 29
courant.

J'ai l'honneur d'être, etc.

(Arch. nat. O¹ 1174, f. 276.)

XXVII. — *Lettre de Monseigneur de Beaumont, archevêque de Paris, au comte d'Angiviller.*

Conflans, le 27 juin 1781.

Je suis au désespoir, Monsieur, de n'avoir pas répondù
plutôt à la lettre que vous m'avez fait l'honneur de
m'écrire. Mais lorsque je l'eus reçùe, je crûs qu'il étoit
nécessaire de me procurer des renseignemens relativement à l'objet dont il étoit question, et on ne me les a
pas encore fait parvenir. Je viens d'écrire de nouveau
pour qu'on me les envoye sur-le-champ, et dès que je
les aurai reçûs, je m'empresserai de vous le mander et
je serai on ne peut pas plus flatté de profiter de l'honneur que vous vous proposez de me faire.

Vous avez eù la bonté, Monsieur, de me promettre les
tableaux du roi et de la reine dès qu'ils seroient faits. Je
vous serai infiniment obligé de ne pas perdre de vùe cet
objet. La reconnoissance que j'en aurai ne poura être
égalée que par l'inviolable et respectueux attachement
avec lequel j'ai l'honneur d'être, Monsieur, votre très
humble et très obéissant serviteur.

† Chr. Arch. de Paris.

XXVIII. — *Deuxième lettre de l'archevêque de Paris
au comte d'Angiviller.*

Conflans, le 2 juillet 1781.

Avant de répondre, Monsieur, à la lettre que vous
m'avez fait l'honneur de m'écrire, j'ai crû devoir prendre
auprès des religieux de Saint-Denis des renseignemens
relativement à ce qui en faisoit l'objet, ainsi que j'ai déjà
eû celui de vous le mander. Il en résulte que la maison
n'auroit jamais songé à solliciter les changements dont
il s'agit, et qu'en général on verroit avec peine qu'on
détruisit les anciens monumens, surtout les sépultures
de nos rois dont les cendres mêmes sont si dignes de
nos respects. Je vous avoue, Monsieur, que ce dernier
motif en particulier fait sur moi la plus grande impression, et je ne doute pas que votre cœur ne soit pénétré
des mêmes sentimens. Cependant, si vous le désirez, je
me transporterai moi-même à l'abbaye de Saint-Denis,
et j'aurai l'honneur de vous faire part du résultat de ma
visite.

On ne peut rien ajouter à l'inviolable et respectueux
attachement avec lequel j'ai l'honneur d'être, Monsieur,
votre très humble et très obéissant serviteur.

† Chr. Arch. de Paris. ([1])

Au dos de la pièce se trouve cette note : *Dom Mousso,
vicaire général avoit écrit, le 11 avril 1781, à M. le comte
d'Angiviller, pour réclamation contre le projet.*

([1]) En marge de la lettre on lit cette note : « 8 juillet 1781. — Répondu le 10
juillet en remettant à traiter de conférence. »

XXIX. — *Troisième lettre de l'archevêque de Paris au comte d'Angiviller.*

Conflans, le 8 juillet 1781.

J'ai crû, Monsieur, devoir prendre de nouveaux rensignemens auprès de dom Boudier ([1]), prieur de l'abbaye de Saint-Denis, relativement au changement dont vous m'avez fait l'honneur de me parler. Il m'a adressé, en conséquence, la lettre cy-jointe que j'ai celui de mettre sous vos yeux, en vous priant de vouloir bien me la renvoyer lorsque vous en aurez pris lecture. Vous y verrez, Monsieur, les inconvénients qu'il y auroit à l'exécution du projet dont il s'agit et l'impossibilité où seroit la maison de Saint-Denis de supporter les dépenses qui en résulteroient.

Je n'ai point oublié, Monsieur, la promesse que vous eû la bonté de me faire, et j'espère que vous voudrez bien la réaliser en me faisant l'honneur de venir dîner à Conflans, aussitôt que vos occupations pourront vous le permettre. Vous ne devez pas douter de l'empressement avec lequel je profiterai de cette occasion pour vous renouveller de vive voix les assurances de l'inviolable et respectueux attachement avec lequel j'ai l'honneur d'être, Monsieur, votre très humble et très obéissant serviteur.

† Chr. Arch. de Paris ([2])

([1]) Dom Boudier qui avait rempli les fonctions de prieur à Saint-Denis avant dom Malaret, venait de lui succéder tout récemment dans cette charge. A partir du mois de juillet, dom Malaret ne prend plus que le titre de doyen de l'abbaye.

([2]) En tête de la lettre on lit cette note : « Répondu le 10 juillet, en remettant à traiter de conférence et renvoyant la lettre du prieur, après en avoir réservé copie. » M. d'Angiviller, comme on le voit, répondit en une seule fois aux trois lettres de l'archevêque, qui se succédèrent d'ailleurs à peu de jours de distance.

XXX. — *Copie de la lettre de dom Boudier, prieur de l'abbaye de Saint-Denis, écrite à M. l'archevêque de Paris, le 5 juillet 1781 (¹).*

Monseigneur,

Je suis très mortifié de n'avoir pas répondu plutôt à la lettre dont Votre Grandeur m'a honoré en m'envoyant celle que lui a écrite Monsieur le comte d'Angiviller et dans laquelle vous me marquez, Monseigneur, de vous dire ce que je pense du changement qu'on se propose de faire dans le chœur de notre église. Comme je n'ai reçu votre lettre que longtems après sa date, c'est ce qui a tant retardé ma réponse, dont je vous fais bien mes très humbles excuses, quoiqu'il n'y ait point eu de ma faute. Ces changements projettés dans le chœur de notre Église regardent les anciens tombeaux de nos rois qui ont reçu leurs sépultures depuis Dagobert et plusieurs siècles après. Ces tombeaux sont en mauvais état pour la plupart et ne laissent pas de gêner dans certaines cérémonies ; cependant ils existent depuis nombre de siècles, et on n'avoit pas pensé à les détruire ou changer de place. C'est un projet qu'a conçu mon prédécesseur et il a sollicité la permission de l'exécuter. Il ne fut jamais de mon goût, aussi me serois-je bien donné de garde de la demander cette permission, pour plusieurs raisons. La première, c'est que je n'aime point les changements et innovations qui ne sont pas nécessaires. Depuis un très long tems, les choses subsistent dans l'état où elles sont sans qu'il soit résulté aucun inconvénient; je n'en vois point à les y laisser; 2° Le profond respect du aux

(¹) En note on lit : « L'original renvoyé à M. l'archevêque le 10 juillet 1781. »

cendres mêmes de nos rois me paraitroit un puissant
motif pour n'y pas toucher ni les remuer. Plusieurs de
ces mausolées ont été élevés du tems de Saint Louis et
placés où ils sont par son ordre ; ne seroit-ce pas encore
une raison de ne les point ôter ? Le public y est accou-
tumé et paroit les voir avec intérêt, au lieu que le dessein,
m'a-t-on dit, est de les transporter dans les chapelles de
la nef et de creuser une espèce de caveau au milieu du
chœur et de les y réunir tous avec une inscription qui
les désignera, ce que je trouve moins majestueux que
de les laisser chacun dans leurs tombeaux, tels qu'ils
sont, si on ne juge point à propos de les faire réparer.
Enfin, la troisième raison qui me paroit s'opposer à ce
que l'on exécute les projets conçus pour le déplacement
des corps de nos rois inhumés dans le chœur de notre
Église, ce sont les frais et les dépenses qu'il occasionneroit à notre maison, et qu'elle n'est point en état de
suporter sans s'obérer beaucoup. Lorsqu'on me confia le
gouvernement, il y a neuf ans, je m'appliquai à en payer
les dettes qui étoient fort considérables et j'augmentai le
nombre des religieux de trente, afin de multiplier les
prières pour nos rois et de rendre la communauté plus
édifiante, ce que j'eus la consolation de voir. Sous mon
successeur, elle a tellement diminué, qu'à peine suffisons-
nous pour acquitter les charges qui sont grandes et auxquelles on a cependant religieusement satisfait. Ses
entreprises, qui ont été considérables pour la décoration
du monastère, l'ont en quelque sorte forcé à diminuer le
nombre des religieux et à négliger les réparations des
fermes dont plusieurs sont en fort mauvais état. Je vais
être obligé de m'en occuper et d'augmenter la communauté réduite à un trop petit nombre. La maison, par
conséquent, ne peut fournir aux sommes qu'il faudroit

employer pour exécuter les entreprises projettées pour
le déplacement des tombeaux des rois, à moins que Sa
Majesté n'eut la bonté d'accorder des secours extraordi-
naires, que je n'oserois prendre la liberté de solliciter.
Voilà, Monseigneur, une partie des raisons qui semblent
s'opposer à ce qu'on exécute les projets formés pour la
décoration de notre chœur et le déplacement des tombeaux des rois qui y ont leur sépulture. Au reste, tout ce
que le roi trouvera sur cet objet, il trouvera en moi la
plus profonde et respectueuse soumission. J'ose aussi
réclamer votre bonne et puissante protection pour qu'on
n'exige rien de notre maison, dans les circonstances
présentes, qui excède ses facultez. J'aurai toujours le
plus grand zèle pour seconder en tout ce qui dépendra
de moi vos pieuses intentions et une attention très-parti-
culière à aller au devant de tout ce qui pourra me mériter
la continuation de vos bontés. C'est avec la plus tendre
vénération et le respect le plus profond que j'ose me
dire,

Monseigneur,

de Votre Grandeur,

le très humble et très obéissant serviteur.

Signé : Fr. P.-F. BOUDIER, prieur

de l'abbaye de Saint-Denis.

Ce 5 juin 1781.

Dom Malaret n'était pas homme à se rebuter au premier obstacle. D'ailleurs toutes les objections soulevées par le prieur de
Saint-Denis avaient été prévues et en quelque sorte écartées.
Une seule difficulté pouvait retarder l'exécution du projet : la
question de dépense. Aussi les négociations continuèrent, plus
actives que jamais. Tout d'abord il s'agissait de triompher des
résistances de Monseigneur de Beaumont. C'est ce dont M. d'Angiviller se chargea et il avait, parait-il, à peu près réussi, quand

l'archevêque de Paris vint à mourir vers les derniers mois de l'année 1781. Quelque avancées que fussent les négociations, tout était à recommencer, puisque la solution n'était pas encore obtenue. Voici d'abord la lettre du Directeur des Bâtiments adressée à l'archevêque de Paris en réponse aux trois lettres qu'on a lues ci-dessus.

XXXI. —*Lettre du comte d'Angiviller à l'archevêque de Paris.*

10 juillet 1781.

Monseigneur,

Je m'empresse de vous renvoier la lettre de dom Boudier, prieur de Saint-Denis, dont vous avez eu la complaisance de me faire l'envoy le 8 de ce mois. J'étois en général préparé aux motifs qu'employe dom Boudier pour combattre les projets relatifs au dépôt précieux des cendres de nos rois dont l'abbaye se trouve honorée depuis tant de siècles. Dom Boudier me paroît se tromper sur la question, par le sentiment même du respect qui prédomine dans tous ses raisonnemens. Vous reconnoîtrez, en effet, Monseigneur, par les détails de la conférence que vous voulez bien m'acorder, que les projets dont il s'agit ont précisément pour objet d'attester non seulement à la nation, mais à l'Europe entière, par le canal des voyageurs qui viennent visiter l'abbaye, tous les sentiments si justement dus à la mémoire des rois. Peut-être le changement récemment survenu dans les offices de l'abbaye n'a-t-il laissé auprès du nouveau prieur aucun des officiers qui ont concouru au procès verbal rédigé sur les lieux mêmes, et en ma présence, le 5 may dernier. Je mettrai cette pièce sous vos yeux, Monseigneur, et en discutant avec vous tout ce qui s'y raporte, je ne doute pas un instant que vous ne partagiez toutes les vues dont l'administration a dessein de

s'occuper en reprenant de premières idées qui ont été
agitées dès 1665.

J'ai l'honneur d'être, etc.

(Arch. nat. O¹ 1174, f. 304.)

XXXII. — *Lettre du comte d'Angiviller à dom Malaret.*

17 juillet 1781.

Ma correspondance avec vous, mon Révérend Père,
pendant votre priorat, sur l'arrangement de la sépulture
des rois, et mon silence depuis quelque tems sur cette
affaire peuvent, en rapprochant ces deux circonstances,
vous laisser une sorte d'inquiétude que je crois devoir
faire cesser. Je vous avois informé que mon intention
étoit de me concerter avec M. l'archevêque, et j'avois eu
en effet l'honneur de luy écrire à cette même époque
pour luy demander un rendez-vous. Ses affaires l'ayant
apparemment distrait, j'ai été dans le cas de lui renouveler
ma prière et j'en ai reçu récemment deux lettres qui m'an-
noncent que ce prélat envisage des difficultés. Je dois
même présumer, malgré la généralité des objections,
qu'elles procèdent du sein même de l'abbaye. Je reposois,
je l'avoue, sur ce qui s'étoit dit lorsque je me suis rendu à
l'abbaye pour y clore le procès-verbal, et je présume
encore assez d'un vœu général et bien réfléchi pour ne
pas renoncer aux vues qui m'occupent. J'en ai pressenti
M. l'archevêque en luy marquant toujours mon désir
d'une conférence. Je désirerois beaucoup que les principaux officiers de l'abbaye pussent y assister; comme je
n'ai d'autre relation que la vôtre, trouvez bon que je vous en
demande l'entremise auprès du régime de l'abbaye pour
luy faire part de mes vues.

J'ai l'honneur d'être, etc.

Arch. nat. O¹ 1174, f. 332.

XXXIII. — *Lettre de dom Malaret au comte d'Angiviller* (¹).

Monsieur le Comte,

Je fus hier à Paris pour avoir l'honneur de vous présenter mes hommages, et vous demender un moment d'audience. On me dit que vous étiés à Versailles.

Il n'est que trop vray que dom Prieur est opposé au projet en question ; il a manifesté clairement sa façon de penser à M. l'archevêque, ce n'a été qu'avant hier au soir que je luy ay arraché cet aveu.

Les motifs qui déterminent son opposition roulent uniquement sur ce que ces monumens sont trop respectables par leur antiquité ; qu'en y touchant ce seroit manquer au respect qui est dû aux cendres des roys, et que, d'ailleurs, les frais pour la translation seroient considérables.

Je luy ay observé que ces tombeaux étoient d'un très-mauvais goût et qu'ils ne répondoient nullement à la magnificence de nos roys ; que, dans leur état actuel de dégradation, ce n'étoient que des masses informes qui n'inspiroient rien moins que du respect, qu'il étoit même de la décence de les soustraire à la vüe du public et des étrangers surtout qui abondent dans notre église ; qu'ils gênoient d'ailleurs très-fort lors des cérémonies, et qu'enfin, mal à propos, on l'avoit effrayé sur les frais que leur translation occasionneroit, que je me chargerois de donner la dernière main à ce projet pour beaucoup moins qu'on luy avoit fait entendre ; mais que, du reste, s'il ne pouvoit vincre sa délicatesse sur le transport de ces précieuses cendres hors du chœur, et afin de diminuer les

---

(¹) En tête de la lettre, on lit cette mention : « 31, répondu qu'un rendez-vous seroit trop incertain et que, dans l'état des choses, il ne paroit pas nécessaire, que s'il le désire absolument, il sera pris mesure, etc. » Il semblerait que l'insistance de dom Malaret commençât à devenir quelque peu importune au Directeur des Bâtiments.

frais, il y auroit un parti à prendre, qui seroit de les laisser à l'endroit où elles se trouvent actuellement, qu'on se contenteroit d'enlever ces marbres informes et tout dégradés pour mettre à leur place une inscription ; qu'on en feroit autant pour ceux de pierre qu'on voit le long des grilles et qui sont tout-à-fait dégoûtans ; mais qu'il seroit toujour absolument nécessaire de faire au millieu du chœur une cave pour servir de dépôt à Philippe Auguste, Louis huit et autres princes au nombre de sept, ce qui pourroit se faire à peu de frais, qu'il étoit très-indiférent qu'ils fussent placés une toise plus haut ou plus bas ; mais que c'étoit très intéressant pour le compartiment et la régularité du pavé du chœur qu'ils fussent à la place indiquée, et qu'alors les cendres de ces princes auroient une inscription qui les anonceroit, au lieu que depuis des siècles, n'ayant aucune distinction, ils étoient dans le plus profond oubli.

Il m'a paru ébranlé ; mais non pas convaincu. Je suis bien pené et j'étouffe bien des réflexions.

Je serois bien flatté d'avoir l'honneur de vous voir avant la conférence projettée avec M. l'archevêque. Daignés me faire dire le jour que vous voudrés bien m'accorder cette faveur.

J'ay l'honneur d'être avec le plus profond respect et la plus parfaite reconnoissance...

D. MALARET.

Saint-Denis, 24 juillet 1781.

XXXIV. — *Lettre du comte d'Angiviller à dom Malaret, religieux doyen de l'abbaye de Saint-Denis.*

31 juillet 1781.

Je ne hazarderai pas, mon Révérend Père, de vous déplacer pour un rendez-vous que je serois trop incertain de tenir. D'ailleurs, dans le point très-expliqué où la matière se trouve maintenant entre vous et moy, je ne vois rien qui puisse exiger qu'une nouvelle conférence entre nous précède celle que je désire avoir avec M. l'archevêque. Cependant je m'en raporte à vous-même, et si quelque motif particulier vous porte à insister, veuillez bien me mander. Il me sufira de connoître votre désir pour que j'aille au devant de tous les moyens de le satisfaire et de vous témoigner tous les sentimens d'estime et de vénération avec lesquels j'ai l'honneur d'être, etc.

P. S. (De la main de M. le Dir. gén.) Vous pouvez être tranquile, mon Révérend Père, sur la Conférence. Je sais tout ce que j'ai à lui dire et sur le fond et sur la forme. Il a été trompé, et mon intention est de lui proposer de venir lui-même voir les choses avec moi sur les lieux. Au demeurant, en parlant de vous, je lui laisserai voir tout ce que vous m'avez inspiré d'estime bien vraie, mon Révérend Père.

Un mois se passe ; pendant ce temps M. d'Angiviller et dom Malaret ne restent pas inactifs; c'est encore dom Malaret qui va nous mettre au courant de l'état des négociations au commencement de septembre.

XXXV. — *Lettre de dom Malaret à M. d'Angiviller.*

Monsieur le Comte,

M. Ulpian ([1]) est venu hier; dès son arrivée, je causay un instant avec luy; je désirois scavoir au juste sa façon

---

([1]) Il faut lire Vulpian.

de penser sur les projets en question. J'en fus bien
satisfait.

Nous fûmes ensemble sur les lieux ; nous descen-
dîmes même dans les chapelles souterraines. Il fut si
émerveillé de votre beau projet (*) qu'il me parut en
désirer vivement l'exécution. Il eut le soir une conver-
sation avec notre prieur ; il le trouva un peu récalcitrant.
Il l'emmena cependant au point qu'il désiroit ; il aura
l'honneur de vous rendre le résultat de sa conférence.

Permettés, Monsieur le Comte, que j'aye celuy de
vous faire part de mes perplexités ; je crains que le transport dans les chapelles des cendres des princes et des
roys n'occasionne quelques murmures. Ne seroit-il pas
possible de les arranger selon l'idée portée dans la feuille
cy-incluse, où vous n'admirerés pas à coup sûr mon
habileté à tracer des lignes bien droites. Il résulteroit de
cet arrangement que la famille de Saint Louis seroit
toujour dans notre chœur et réunie en un même endroit ;
que les Carlovingiens et les descendants d'Hugues Capet
que ce saint roi y a fait transporter seroient également
conservés dans le chœur, et si tant est qu'on voulût
conserver ces marbres et ces pierres, monumens de la
barbarie de nos pères, on les placeroit dans les chapelles
qui se trouvent dans l'enceinte du chœur. Je ne sçay
si je me trompe, cet arrangement produiroit un bel
effet. Vous jugerés, Monsieur le Comte, si je rencontre
juste.

Je vois avec un plaisir indiscible que vous ne perdez
pas de vüe la chapelle sépulcrale ; rien de plus beau, en
effet, que ce projet qui est tout à vous et qui ne sera
jamais bien exécuté que sous vos ordres.

(*) Il s'agit évidemment du projet sur la sépulture des Bourbons.

MM. de Nicolaï ([1]) et d'Espagnac ([2]) ont laissé depuis peu des bonnes abbayes vaquantes, il est bien à désirer que vous obteniés de suitte la meilleure, car il seroit bien à propos qu'avant de commencer vous eussiés une bonne somme; l'ouvrage en marcheroit bien mieux et seroit plutôt fini. Persuadé constamment de vos bontés, j'ose vous demander, Monsieur le Comte, de vouloir bien ordonner que le devis soit un peu gras. Nous avons besoin de secours pour réparer et orner notre sanctuaire; les ouvrages que nous avons entrepris et finis nous ont épuisés.

Je ne cesseray de ma vie, Monsieur le Comte, d'être pénétré de la plus vive reconnoissance des bontés dont vous daignés m'honorer. J'en suis tout glorieux. Je feray constament tous mes efforts pour m'en rendre toujours plus digne. C'est dans ces sentimens et avec cette disposition que j'ay l'honneur d'être avec la plus parfaite reconnoissance et le plus profond respect, etc.

D. MALARET.

Saint-Denis, le 1er septembre 1781.

A cette lettre était joint un plan assez informe dont nous essayons de reproduire la disposition. C'est le nouveau projet dont parle dom Malaret dans sa lettre.

[1] Je n'ai pu trouver à quel membre de la famille des Nicolaï ce passage faisait allusion. Je trouve bien, à la date de notre lettre, un Aimard-Claude de Nicolaï, né en 1737, et évêque de Béziers depuis 1771, qui remplissoit en même temps les fonctions d'abbé commendataire de Saint-Sauveur-le-Vicomte, dans le diocèse de Coutances. Explique qui pourra ce don d'ubiquité fort commun dans le clergé relâché du XVIII° siècle. Mais l'évêque de Béziers vivait encore plusieurs années après la date de notre lettre et avait continué à jouir des revenus de l'abbaye de Saint-Sauveur-le-Vicomte. Notons, toutefois, que ces revenus, pour une cause que nous ignorons, avaient singulièrement diminué; car, portés à 19,000 livres, en 1780, ils se trouvaient réduits à 7,000 en 1788.

[2] M. de Sahuguet d'Espagnac, conseiller au parlement de Paris, était depuis 1766 abbé commendataire de l'abbaye de Coulomb, dans le diocèse de Chartres, qui valait 11,000 livres de revenu. M. d'Espagnac jouissait aussi du revenu de de l'abbaye de Notre-Dame du Palais, dans le diocèse de Limoges; mais comme cette dernière appartenait à l'ordre de Cîteaux, c'est évidemment à l'abbaye bénédictine de Coulomb que dom Malaret fait allusion.

XXXVI. — *Plan joint à la lettre de dom Malaret du 1ᵉʳ septembre 1781.*

Table de | Charles le Chauve. | marbre

DÉPÔT DE 24 PIEDS DANS ŒUVRE.

Table de | marbre

1. Philippe-Auguste.
2. Philippe, comte de Boulogne, son fils.
3. Marie de Brabant, sa fille,
4. Louis VIII.
5 Alphonse, comte de Poitiers, son fils.
6. Philippe III, dit le Hardy.
7. Isabelle d'Aragon, sa femme.
8. Philippe IV, dit le Bel.
9. Louis X, dit le Hutin.
10. Jean, son fils posthume. On mettroit pour chaqu'un le jour et l'an de leur mort.
11. Jean Tristan, comte de Nevers, 5ᵉ fils de Saint-Louis.
12. Pierre de Beaucaire, chambellan de Saint-Louis.

DÉPÔT DE 10 PIEDS

MIDY

DÉPÔT DE 10 PIEDS

Pépin et Berthe, sa femme.
—
Louis III, fils de Louis II dit le Bègue
—
Carloman, fils du même roy.
—
Louis, fils de Dagobert.
—
Charles Martel.

Table de

marbre

Table de

marbre

* On pourroit réunir Hermentrude à Charles le Chauve, son époux.

Hugues Capet.
—
Robert et Constance sa femme.
—
Henri, fils de Robert
—
Louis le Gros.
—
Philippe son fils.
—
Constance sa femme
—
Carloman, fils de Pépin.
—
*Hermentrude, fᵐᵉ de Charles le Chauve

G

La lettre suivante a une certaine importance ; car elle prouve,
à défaut de celle de l'archevêque de Paris à laquelle elle répond, que M. d'Angiviller avait su ranger l'archevêque à ses
vues. C'est au moment où tout semblait terminé que la mort de
Monseigneur de Beaumont, survenue le 12 décembre 1781, fit
ajourner indéfiniment l'exécution du projet. L'affaire se trouva
complètement suspendue par cet incident ; mais les lettres qui
suivent nous prouvent que ni dom Malaret, ni M. d'Angiviller ne
la perdirent jamais de vue, et ne renoncèrent jamais complètement à voir la réalisation de leurs vœux.

XXXVII. — *Lettre du comte d'Angiviller à l'archevêque de Paris.*

30 octobre 1781.

Monseigneur,

Je ne vous proposerai point d'excuse sur le délai de
ma réponse à la lettre que vous m'avez fait l'honneur de
m'écrire au commencement de ce mois. Elle m'arrivoit
presque au moment où je venois de subir une opération
très-douloureuse dont les suites me retiennent encore au
lit et me permettent à peine de foibles occupations. Je
saisis au moins le premier moment où je peux vous
offrir, Monseigneur, mes remerciements de vos dispositions pour coopérer à mes vues relativement à la décence
qu'il convient d'introduire dans le dépôt funéraire de nos
rois à Saint-Denis. Dès que je serai véritablement libre
de disposer de moi, je m'empresserai d'aller vous faire
ma cour et de régler avec vous le moment de notre
voyage à Saint-Denis.

J'ai l'honneur d'être, etc.....

(Arch. nat. O¹ 1174, f. 511.)

XXXVIII. — *Lettre de M. Vulpian, avocat du clergé, au comte d'Angiviller,*

Monsieur,

J'ai l'honneur de vous adresser, avec le premier projet d'arrest que vous me remîtes à Conflans, celui que j'ai rédigé d'après ce qui avoit été convenu avec feu M. l'archevêque ([1]). J'avois espéré, Monsieur le Comte, pouvoir dans ce mois retourner à Versailles, et vous remettre ces projets ; je vous aurois dit en même tems quelles pouvoient être les vües de M. de Beaumont sur les moyens relatifs à l'exécution du projet dont vous voulûtes bien montrer un plan : mais j'ai été retenu ici par un gros rhume ; et je tâcherai à mon premier voyage de saisir le moment où je pourrai y suppléer. Cet article, au surplus, quoique véritablement intéressant, n'est pas le principal à présent ; et celui-ci peut s'arranger en attendant les préparatifs de l'autre ([2]).

Agréés l'assurance et l'étendüe du respect avec lequel je suis, Monsieur, etc.

VULPIAN,
Avocat au Parlement.

Paris, ce 31 janvier 1782.

XXXIX. — *Projet d'arrêt, rédigé par le S. Vulpian, pour être présenté au roi par le comte d'Angiviller* ([3]).

Le roi étant informé, tant par les représentations qui lui ont été faites, tant de la part des religieux de l'abbaye

([1]) L'archevêque de Paris, Christophe de Beaumont, était mort le 12 décembre 1781, à soixante-dix-huit ans.

([2]) On voit par le projet d'arrêt annexé à la lettre du sieur Vulpian, et que nous publions sous le n° XXXIX, que le projet ajourné dont il parle était la construction de la sépulture des Bourbons.

([3]) Il y a eu deux projets différents, on le voit par la lettre qui précède ; le premier rédigé par M. d'Angiviller, communiqué à l'archevêque de Paris, puis

royale de Saint-Denis en France, que par le sieur comte
d'Angiviller, Directeur et ordonnateur général des bâtiments de Sa Majesté, que lesdits religieux ayant pourvu
au rétablissement nécessité par une révolution de quatre
siècles, des stales dans le chœur de l'église de ladite
abbaye, il n'est pas moins nécessaire de s'occuper de
celui du pavé de ce chœur, qui est entièrement dégradé ;
que, pour remplir ce dernier objet, il seroit indispensable,
au moins pour un tems, non seulement de déplacer et
de transporter ailleurs les tombeaux élevés et les cénotaphes répandus en grand nombre dans les différentes
parties dudit chœur, mais de faire des fouilles qui néces-
siteront, ainsi que les ouvrages dont elles seront accom-
pagnées et suivies, le déplacement et transport aussi de
différents cercueils qui y sont, et que des sondes déjà
faites ont fait découvrir à très-peu de distance du pavé
actuel ; que la formation du nouveau, dont la dépense
sera considérable, exigeant une manière en même tems
symmétrique et solide, il seroit intéressant de prévenir
les inconvénients de l'ancien état des choses ; que les
tombeaux ou sarcophages et les cénotaphes susdits gênants habituellement le service à faire dans le chœur de
ladite église, ils le rendent impraticable dans les tems de
grandes cérémonies, pendant lesquels on est obligé de
les enlever et transporter dans des chapelles particulières ; ce qui, avec l'injure du tems, les a rendus pour la

---

remis au sieur Vulpian qui propose une nouvelle rédaction, de forme sans doute
plutôt que de fonds. C'est ce qui me ferait penser, en l'absence de toute indication de nature à nous tirer d'incertitude, que cette première pièce est la rédaction
du sieur Vulpian. Elle me semble plus correcte au point de vue des formules.
En outre, la seconde pièce, où le quantième et le mois sont laissés en blanc,
porte la date de. 1781. Or, Vulpian ne pouvait dater de 1781 un projet qu'il
soumettait à l'approbation de l'autorité compétente, en janvier 1782 seulement.

pluspart difformes et même méconnoissables, et n'a pas
peu contribué à la dégradation du pavé; que tous ces
inconvénients cesseroient si lesdits tombeaux et cénotaphes étoient transportés et fixés dans des chapelles
particulières, où on pourroit les rétablir autant qu'ils
peuvent l'être, et s'il étoit formé dans un endroit marqué
du chœur un caveau pour y placer et fixer aussi les cercueils que l'on découvriroit, en faisant les fouilles, et sur
lequel seroit mise une inscription indicative de ceux dont
les corps y seroient placés ; que les chapelles de l'église
ou partie souterraine seroient très-propres au placement
des tombeaux et cénotaphes particuliers; que ce seroit
une raison encore de mettre ces chapelles dans un état
plus décent que celui dans lequel elles sont ; et que le
lieu de la sépulture de la famille royale formant le centre
de ladite église, ou partie souterraine, on parviendroit à
lui donner le caractère de décence, de dignité et de majesté, que comporte et exige un monument de ce genre;
enfin, que les moyens d'établir cet ordre plus convenable dans une église , que tant des motifs rendent
recommandable, pourroient alléger le poids de la dépense
faite et à faire par les religieux susdits de l'abbaye de
Saint-Denis ; à quoi voulant pourvoir, ouï le rapport et
vu le procès verbal dressé en ladite abbaye, le cinq mars
dernier (¹), en présence dudit sieur comte d'Angiviller,
accompagné de deux intendants de son département, et
de quatre des membres des Académies de peinture et
d'architecture.

Le roi, étant en son conseil, a permis et consenti, permet et consent : Qu'après avoir obtenu de l'ordinaire, et

___

(¹) Il y a ici erreur de date. Le rapport ou procès-verbal de la commission
est daté, comme on l'a vu plus haut, du 5 mai.

ainsi que de droit, la permission requise, et sans préju-
dice au surplus de l'exemption de l'abbaye et église de
Saint-Denis en France, il soit, avant de travailler au
rétablissement du pavé du chœur de ladite église, sous
les ordres du Directeur et ordonateur général des bâtiments de Sa Majesté, procédé au déplacement tant des
cénotaphes que des tombeaux élevés ou sarcophagès qui
sont dans ledit chœur, comme aussi au relèvement des
cercueils et ossements que l'on trouvera en faisant les
fouilles necessaires, et au transport avec les cérémonies
accoutumées desdits ossements et cercueils, ainsi que
desdits tombeaux et cénotaphes, dans telles chapelles qui
seront, à cet effet, désignées, et pour y rester en dépôt
jusqu'à ce qu'il en soit autrement ordonné ; comme aussi
qu'il soit formé et établi au milieu du chœur susdit un
caveau suffisant pour contenir tous les cercueils qui
auront été trouvés, et qui y seront rapportés des chapelles où ils auront été déposés ; après quoi ledit caveau
sera fermé et recouvert d'une inscription sommairement
indicative de ceux qui y reposeront, et qui sera arrêtée et
scellée à perpétuelle demeure, comme étant ledit caveau
propre aux deux premières races des rois de France ; et
à l'égard des tombeaux et cénotaphes susdits, qu'ils soient
placés et fixés pareillement soit dans des chapelles de
ladite église de Saint-Denis, soit dans les chapelles de
l'église souterraine , dont le centre est employé à la
sépulture de la famille royale, lesquelles chapelles seront
à cet effet rétablies et convenablement décorées ; desquels transport provisoire, fouilles et replacement deffi-
nitifs, il sera dressé procès-verbal en trois originaux qui
seront distribués et conservés, un dans le dépôt des papiers du secrétariat de la Maison du roi, un dans le dépôt
du département des bâtiments de Sa Majesté, et un dans

les archives de l'abbaye susdite de Saint-Denis : enfin, Sa Majesté a autorisé et autorise ledit sieur directeur et ordonnateur général de ses bâtiments à prendre les mesures les plus convenables pour donner à la sépulture susdite de la famille royale, dans l'église de Saint-Denis, toutes les marques de décence et de dignité qui lui conviennent. Fait au Conseil d'État du roi, Sa Majesté y étant, etc.

XL. — *Premier projet d'arrêt rédigé par le comte d'Angiviller* ([1]).

Le roi a été informé par le sieur comte d'Angiviller, Directeur et ordonnateur général de ses bâtiments, du désir que les religieux de l'abbaye royale de Saint-Denis en France (consacrée de tout tems à la sépulture des rois), lui ont témoigné d'obtenir de Sa Majesté, sans l'aveu de laquelle il ne peut être rien innové en tout ce qui tient aux sépultures royales, l'autorisation pour retirer du chœur de l'église et déposer dans des chapelles particulières une assez grande quantité de tombeaux ou cénotaphes, la plupart érigés par les soins du roi Saint Louis, en mémoire d'invidus des deux premières races des rois de France. Lesdits religieux observent à l'apui de leurs vues que presque tous ces anciens monuments sont devenus méconnoissables par les outrages des tems, et que, par leurs emplacements dans différents points du chœur, ils en gênent habituellement le service, et le rendent même, dans les cas de grandes cérémonies, si réellement impossible qu'il faut en démonter plusieurs et les déplacer pour les rapporter ensuite, ce

---

([1]) Il existe au dossier trois copies tout-à-fait identiques de cette pièce.

qui en augmente chaque fois les dégradations, et les
réduit à des représentations vaines et du coup-d'œil le
moins décent dans une église. A ces considérations déjà
puissantes, les religieux joignent celle du rétablissement
nécessité par une révolution de plus de quatre siècles,
des stales et du pavé du chœur, entreprise dispendieuse,
ce qui, à l'égard du pavé, ne peut être traité d'une manière symmétrique et solide qu'en dégageant le sol des
tombeaux qui en occupent plusieurs points, et présentent
des saillies plus ou moins considérables. Le sieur comte
d'Angiviller, en saisissant dans cette demande le raport
qu'elle peut avoir avec l'opinion publique, le respect dû
aux sépultures en général, et surtout à celles des rois,
a cru devoir, avant tout, se rendre personnellement en
l'abbaye de Saint-Denis pour y examiner et constater
l'état des tombeaux, leurs emplacements, leur raport
plus ou moins certain (indépendamment de la tradition)
avec les sépultures des personnages auxquels ils ont été
érigés, et surtout le point de savoir s'ils sont de purs
cénotaphes, ou si quelques-uns d'eux n'ont point été
employés en nature de sarcophage, ce qui exigeroit des
précautions particulières. Il s'est fait accompagner de
deux des intendants de son département, et de quatre
membres des Académies de peinture et d'architecture ;
il en est résulté un procès-verbal clos en l'abbaye de
Saint-Denis le 5 mai 1781, contenant le détail des examens les plus approfondis, et d'après lesquels il ne reste
aucun lieu de douter que tous les anciens tombeaux sont
de purs cénotaphes qui, dans leurs emplacements
actuels, sont d'autant moins inhérents à des sépultures,
même à celles dont ils recouvrent la superficie (tout le
sol du chœur en paroissant rempli) qu'il est constant
que tous les cénotaphes ont été soumis à plusieurs dé-

placements, notamment en 1610, époque du couronnement de Marie de Médicis, à l'occasion duquel on a
démoli et on suprima ce qu'on appeloit l'autel matutinal,
près lequel étoient amoncelés beaucoup des anciens cénotaphes ; en sorte que le déplacement désiré par les
religieux et le dépôt dans des chapelles ne présentant
rien que de juste et de raisonnable en soi, il semble
pouvoir et devoir être effectué ; mais Sa Majesté, en portant son attention sur cette multitude de sépultures dont
le sol du chœur est parsemé, et qui se découvrent souvent à moins d'un pied de profondeur, ainsi qu'on l'a
reconnu par plusieurs sondes, a pensé que le fouille-
ment général, nécessaire pour l'établissement du nouveau pavé, exposoit ces mêmes sépultures à une sorte
de profanation, ainsi qu'à la cupidité des ouvriers qui
voudroient s'en approprier les plombs. A quoi voulant
pourvoir, vu le procès-verbal susdatté et tout considéré, le Roi, étant en son conseil, a ordonné et ordonne
qu'avant d'entreprendre l'établissement du nouveau
pavé du chœur, de telle nature que le voudront lesdits
religieux, il sera sous les ordres du Directeur et ordonnateur de ses bâtimens, et, sous l'inspection de ses préposés, procédé au relèvement de tous les cercueils de
plomb, pierre ou autres matières, enfouis dans l'intérieur
du chœur; que le tout sera déposé momentanément
avec la décence convenable [et l'intervention des rites
ecclésiastiques, s'il y a lieu (¹)], dans telles chapelles qui
seront choisies à cet effet; qu'ensuite, il sera établi, aux
frais desdits religieux, dans le milieu du chœur, un
caveau suffisant à contenir tous les cercueils qui auront
été retrouvés et qui y seront, en effet, rapportés du dé-

(¹) Ce passage est barré au crayon sur la copie.

pôt provisionnel, après quoi ledit caveau sera fermé et recouvert d'une inscription sommairement indicative du dépôt qui y aura été fait et de ses divers objets : laquelle inscription sera arrêtée et scellée à perpétuelle demeure, comme propre aux deux premières races des rois de France. De toutes lesquelles opérations il sera dressé un procès-verbal en trois originaux qui seront distribués et conservés, un dans le dépôt des papiers du secrétariat de la maison du roi, un dans le dépôt du département des bâtimens ; le troisième dans les archives de l'abbaye, et, à la faveur de ces divers arrangements, permet au surplus Sa Majesté le déplacement des cénotaphes qui obstruent le chœur de l'église et leur transport dans les chapelles qui seront choisies par ledit sieur Directeur et ordonnateur général de ses bâtimens, que Sa Majesté autorise, en outre, à préparer les mesures qui peuvent être les plus convenables pour établir dans l'abbaye de Saint-Denis la sépulture de la famille royale avec le caractère de majesté, de dignité et de décence que comporte un monument de ce genre. Fait au Conseil d'État du roi, Sa Majesté y étant, tenu à.... mil sept cent quatre vingt-un.

XLI. — *Lettre de dom Malaret à M. d'Angiviller.*

31 mai 1782.

Monsieur le Comte,

Votre goût pour le beau et votre amour pour la gloire de nos roys me persuadent que vous n'avés pas perdu de vue le projet d'honorer leurs cendres. Ce projet sans doute n'est retardé que pour des raisons à vous connües. Cependant, Monsieur le Comte, je pense qu'il seroit bon de songer aux fonds nécessaires pour une aussy belle entreprise pour laquelle j'ay eu le bonheur de vous voir si bien décidé. Il faudroit qu'avant de comencer ont eût une somme assés considérable pour avancer l'ouvrage, on travaille avec plus d'ardeur à proportion qu'on a plus de moïens, c'est ce qui m'engage à avoir l'honneur de vous prévenir que l'occasion se présente pour cella. Nous apprenons de Rome que M. le cardinal Giraud que nous avons vû nonce à Paris avant M. Doria vient de mourir. Il laisse vacante l'abbaye de la Gorze dans le diocèze de Mets ; elle vaut annuellement au moins cinquante mille livres. Ce revenu pendant 9 à 10 ans, suffiroit pour remplir le projet. Je pense qu'il seroit bon de profiter du moment avant que les économats s'en emparent, ou qu'elle soit demandée pour M. le Nonce ou pour quelqu'autre. Ce sont morceaux friands après lesquels on court. Mille bonnes raisons militent en faveur de l'objet que vous vous proposés, et je ne conçois pas qu'on puisse se refuser à la demande si vous vous voulés bien la faire. D'ailleurs, ce ne seroit que pour un tems et pour un objet bien respectable et bien sacré.

J'aurois fort souhaité que lors de la mort de madame Sophie, vous fussiés venu à Saint-Denis ; vous auriés vu qu'elle a été placée avec peine et que, malgré tout ce qu'on a pu faire, elle gênera toujour l'entrée de l'intérieur du caveau. Cette vue, d'ailleurs, auroit ranimé votre zèle ; vous auriés été convaincu plus que jamais de la nécessité d'exécuter le projet...

J'ay l'honneur d'être, etc.

D. MALARET,
Doyen de l'abbaye.

Saint-Denis en France, 31 may 1782,

(Répondu le 11 juin).

XLII. — *Lettre de M. d'Angiviller à dom Malaret, doyen de l'abbaye de Saint-Denis.*

11 juin 1782.

Non, certainement, mon Révérend Père, je n'ai pas perdu de vue le projet d'établir le dépôt des cendres de nos rois dans cet état de décence et de dignité qu'il doit avoir; mais j'ai cédé, depuis nos premiers essais sur cette entreprise, aux circonstances qui ont rendu les arrangements plus difficiles à traiter. La mort nous a enlevé M. l'archevêque, au moment où il allait apuier mes démarches des siennes. Il faut aujourd'huy que je reprene toute cette affaire avec notre nouveau prélat que je n'ai pas cru devoir prendre dans de premiers moments qui ont dû luy présenter des détails infinis. Je pense comme vous que l'abbaye vacante par la mort du cardinal Giraut auroit parfaitement répondu au projet; mais vous concevez que l'avis qui vous est parvenu de sa vacance, est également arrivé au ministre de la feuille des bénéfices, et que, dès cet instant, il n'y a plus eu à y penser, précisément par le motif de cet empressement que vous calculez si juste de la part des aspirants. Au reste, le principal est de faire agréer le projet et décider son exécution par l'application des revenus d'une abbaye parce qu'alors les vacances se succèdent assez pour trouver une partie qui réponde au projet. Je me propose de conférer incessament avec M. l'archevêque et nous verrons après cela la marche qu'il conviendra de suivre.

J'ai l'honneur d'être avec autant d'attachement que de vénération, mon R. P., etc.

(Arch. nat. O¹ 1175, p. 323.)

Qu'advint-il des beaux projets de M. d'Angiviller? Parvint-il à convaincre le nouvel archevêque de Paris et à lui faire partager ses idées et ses projets? Nous n'avons trouvé aucun document qui réponde à ces questions. La correspondance s'arrête brusquement à la lettre qu'on vient de lire et, jusqu'à la fin de l'année 1786, on ne rencontre plus trace du double projet de M. d'Angiviller. Nous aurons tout-à-l'heure la preuve, par les pièces qui suivront, qu'il ne perdit jamais complètement de vue ses premières idées et que les événements politiques seuls en empêchèrent définitivement l'exécution. Toujours est-il difficile d'expliquer ce silence de quatre années. Sans doute des motifs puissants s'opposèrent à la réalisation des plans dont le Directeur des bâtiments souhaitait si vivement l'exécution; mais ces motifs, il nous est impossible de le deviner, à moins que les scrupules du nouvel archevêque aient été plus tenaces et plus longs à dissiper que ceux de Christophe de Beaumont. Avant de reprendre les relations de dom Malaret et de son protecteur, nous publions une lettre qui ne fait pas partie du même dossier; mais comme elle se rattache directement à l'histoire des tombeaux de Saint-Denis, comme elle rectifie sur certains points de détail les inscriptions publiées par Félibien et qui ne se trouvent que chez lui, elle trouve ici sa place naturelle.

Ce document, conservé aujourd'hui aux Archives Nationales, dans la série dite : Cartons des rois (K, 79, nº 16, 9º), n'est autre chose que le procès-verbal d'une visite faite, en 1784, à l'intérieur du tombeau de Louis XII. Le premier projet de dom Malaret, pour l'embellissement du chœur, le remplacement du vieux pavé usé par un carrelage blanc et noir, avait enfin reçu son exécution; mais, pendant les travaux, les ouvriers ayant jeté contre la dalle qui fermait le tombeau de Louis XII une grande masse de gravois, cette pierre avait été brisée et avait laissé béante l'entrée du tombeau. Les religieux profitèrent de la circonstance pour contrôler l'exactitude de Félibien, en relevant les inscriptions placées sur les tombeaux de Louis XII et d'Anne de Bretagne. Telles sont les circonstances dans lesquelles fut rédigé le procès-verbal qui suit. Elle font peu d'honneur à la vigilance des religieux de Saint-Denis et laissent aisément comprendre comment les tombes de Saint-Denis en étaient arrivées à cet état de dégradation et de ruine dont nous avons vu plus haut la constatation en quelque sorte officielle.

XLIII. — *Notes au sujet du tombeau de Louis XII et d'Anne de Bretagne, son épouse.*

Au mois de juillet 1784, les pierres qui fermoient l'entrée du tombeau de Louis XII et du tombeau de Henri II ayant été cassées par des fardeaux de pierres que l'on avoit retiré du chœur pour le paver en marbre noir et blanc, le 16 aoust de la même année 1784 on enleva les pierres cassées, les deux tombeaux s'étant trouvés ouverts, on est descendu dans celui de Louis XII. Le cercueil de Louis XII est à gauche en entrant, et sous sa figure de marbre ; c'est un cercueil de plomb posé par terre ; il n'y a ni barre de fer ni traiteau pour le soutenir. Vers la tête il y a une plaque de plomb qui paroît avoir été attachée avec des cloux ; mais qui, pour le présent, est posée simplement sur le cercueil.

L'Épitaphe suivante est gravée sur cette plaque de plomb :

« Cy gist le corps avec le cœur de très haut, très
« excellent et très puissant prince Loys XII, roy de
« France, lequel trépassa à Paris en l'hôtel des Tour-
« nelles, le premier jour de janvier, l'an ᴍᴠ et xɪɪɪɪ. Ses
« entrailles sont avec son père, aux Célestins dudit
« Paris. »

Cette épitaphe est imprimée dans l'histoire de Saint-Denis par dom Félibien ; la seule différence est que dom Félibien a mis Loüis et qu'il y a Loys, que dom Félibien a mis l'année de la mort en chiffre arabe, et qu'elle est sur la plaque en chiffre romain.

Il y a encore sur le cercueil une couronne de cuivre qui a été fermée ; elle a été garnie de pierres, il en reste encore quelques-unes, et elle a été dorée.

Le cercueil de la reine Anne de Bretagne est aussi de plomb ; il est également posé par terre à droite en entrant sous la figure de marbre qui représente cette reine. Le dessus du cercueil est encore couvert d'une planche de la même forme du cercueil ; et, en levant cette planche, on trouve une plaque de cuivre assez grande et qui est posée à la teste, où est inscrite l'épitaphe suivante :

« Anno salutis MVXIII, die nona Mensis Januarii,
« circa horam VI ante meridem, obiit in castro Blesensi
« Christanissima Francorum Regina, Britonum ducissa,
« Anna Francisci Britanni ducis filia, quæ patri in
« ducatu successit ætatis suæ anno xi, et primum nupsit
« cum esset annorum XIIII Karolo VIII francorum Regi,
« à quâ tres liberos suscepit qui immature mortem
« patris antecesserunt, in secundis autem nuptiis cum
« annum ætatis suæ XXI attigisset duxit eam Rex Ludo-
« vicus XII uxorem, cui cum tres filias et filium unicum
« peperisset, vitâ, proh dolor, excessit, duabus tantum
« filiabus superstitibus, scilicet D. Claudia et Renata.
« Corpus ejus in hoc Templo more regio conditum est,
« cor autem atque viscera una cum sepulchro parentum
« suorum urbs Nannetum servat. Vixit annos XXXVII,
« diebus VI, minus heu quantum luctûs atque desiderii
« toti orbi reliquit cum ad superos migraret. »

Cette épitaphe est aussi imprimée dans Félibien ; mais il y a plusieurs variantes ; Félibien a mis : *die lunæ 20 januarii*, il n'y a sur l'épitaphe ni *lunæ*, ni *20,* mais seulement : *die nonâ mensis januarii.* Félibien a mis *1515,* il y a sur l'épitaphe MVXIII.

Tous les chiffres qui sont sur l'épitaphe sont en chiffres romains et Félibien les a mis en chiffres arabes.

Félibien a mis : *filium unum;* dans l'épitaphe il y a : *filium unicum.* Félibien a mis : *cum ad superos migravit,* et dans l'épitaphe il y a : *cum ad superos migraret.*

Il y a donc quatre fautes dans Félicien, la 1re *1515,* la 2e *lunæ 20,* la 3e *unum,* la 4e *migravit.*

1° Il est certain que la reine Anne de Bretagne est morte à Blois, le 9 janvier 1513, suivant l'ancien style; et suivant le nouveau style ou calendrier réformé 1514, et jamais 1515. Aussi dans les *errata* de l'histoire de Félibien a-t-on mis qu'il faut lire *1513.*

2° *Die lunæ 20 januarii* est encore une faute parce que le 20 janvier 1513, suivant l'ancien style, ou 1514, suivant le nouveau, ne pouvoit être un lundi. Le 20 tomboit cette année un vendredi. Il est vrai que le 9 de janvier, jour du décés de ladite princesse tomboit un lundi. D'ailleurs il n'y a point sur l'épitaphe : *die lunæ 20,* mais *die nona mensis.* Dom Félibien a été trompé, ou il y a faute d'impression.

3° Il y a sur l'épitaphe *unicum* qui est beaucoup plus expressif qu'*unum* qui se trouve dans Félibien.

4° L'épitaphe porte : *cum ad superos migraret* et non point *migravit,* comme on le lit dans Félibien.

Félibien s'est encore trompé en disant que l'épitaphe est de plomb, elle est de cuivre ou de bronze.

Le caveau intérieur peut avoir dix à onze pieds de long sur sept à huit de large; il est bien voûté en pierre; mais il ne s'y trouve aucun ornement ni aucune décoration. Il y a aussi, sur le cercueil de la reine, une couronne de cuivre non fermée qui paroit avoir été dorée dans le temps de son inhumation.

L'ouverture de ce caveau se trouve au pied du tombeau de marbre ; la pierre qui bouche cette ouverture a six pieds de long sur deux de large. Entre l'ouverture de ce caveau et l'ouverture du caveau de Henri II, il y a un mur qui n'a qu'onze pieds d'épaisseur. Les pierres qui y sont à présent y ont été mises le 16 et le 17 août 1784 et proviennent de différentes tombes qui étoient dans le chœur avant qu'il fût pavé en carreau de marbre blanc et noir comme il l'est aujourd'hui.

Nous revenons maintenant à la correspondance de dom Malaret et de M. d'Angiviller. Les premières lettres, bien qu'un peu étrangères à l'objet spécial de ce travail, servent en quelque sorte d'entrée en matière à la reprise des négociations. Une aventure désagréable à laquelle il n'est fait ici que de discrètes allusions avait placé dom Malaret dans une situation assez fausse. Il avait eu, pour je ne sais quel motif, un procès à soutenir contre un certain abbé Bertrand de Molleville, et bien qu'il eût obtenu gain de cause devant la justice, on voit assez, par la peine que se donne M. d'Angiviller pour dissiper cette prévention, que le procès avait laissé une mauvaise impression dans l'esprit des supérieurs de dom Malaret. Nous n'avions donc pas tout-à-fait tort de juger ce personnage un peu sévèrement.

On trouvera ensuite le témoignage des derniers efforts tentés par M. d'Angiviller pour ériger, dans la crypte de Saint-Denis, une sépulture décente à la maison de Bourbon.

XLIV. — *Lettre de dom Malaret au comte d'Angiviller* ([1]).

Monsieur le Comte,

Vous avés bien voulu vous intéresser à l'affaire que

([1]) En tête on lit cette note : « Dom Malaret donne avis du gain du procès que l'abbé Bertrand de Molleville avait suscité à l'abbaye de Saint-Denis. Le 9 répondu pour félicitations. »

nous avions avec M. l'abbé de Bertrand, vous avés même désiré d'en apprendre la suite. Nous fûmes jugés hier, et notre triomphe a été complet. M. l'abbé a été condamné à tous les dépens. Cet arrêt est d'autant plus avantageux pour nous qu'il nous met à l'abri d'une foule de corsaires qui se préparoient déjà à envahir toutes nos possessions. Tout étoit à craindre pour nous par la puissante protection d'un prélat ministre.

J'ay l'honneur d'être, avec le plus profond respect et la reconnoissance la plus parfaite, Monsieur le Comte, etc.

D. MALARET.

Paris, 5e aoust 1786.

XLV. — Lettre de l'archevêque de Paris au comte d'Angiviller (¹).

Paris, 9 juillet 1786.

Il est vrai, Monsieur, que j'ai été instruit dans le tems d'une affaire assés désagréable, dans laquelle dom Malaret étoit compromis et qui n'est point encore éteinte à Saint-Denis. Mais, il ne m'en est resté aucun préjugé contre ce religieux, puisque les tribunaux ont prononcé en sa faveur. Je rends donc, monsieur, à dom Malaret toute la justice qui lui est due. Le choix que le R. P. général a fait de lui pour gouverner une maison aussi importante que celle de Saint-Denis, le témoignage que vous me rendez de lui et l'intérêt que vous prenez à ce qui le regarde, doivent vous être de surs garants qu'en toutes les circonstances qui se présenteront, je m'empresserai de lui faire éprouver les effets de l'estime dont vous l'honorez.

(¹) Cette lettre répond évidemment à une recommandation pressante de M. d'Angiviller.

J'ai l'honneur d'être, avec un respectueux attachement, monsieur, votre humble et très-obéissant serviteur,

ANT. E.-L., ARCH. DE PARIS ([1]).

XLVI. — *Lettre de dom Chevreux, supérieur général des Bénédictins, au comte d'Angiviller* ([2]).

Saint Germain-des-Prés, 7 juillet 1786.

Monsieur,

Je me félicite moy-même d'avoir réussi à remplir vos vües, malgré les oppositions que j'ay rencontrées. Je ne doutte pas que D. Malaret, par la sagesse de sa conduitte, ne parvienne bientôt à dissiper les fâcheuses impressions que la malignité s'est efforcée de donner contre luy. La lettre que vous avés pris la peinne d'écrire à M. l'archevêque de Paris sera bien propre à le faire revenir des préventions fâcheuses qu'on luy a inspirées, et l'intérêt que vous témoignés pour ce religieux ne peut manquer de luy en inspirer,

Je n'auray pas moins d'empressement que D. Malaret à me prêter à tout ce que vous jugerés convenable pour honorer la mémoire de nos rois, et à vous témoigner en toutte rencontre le profond respect avec lequel j'ay l'honneur d'être...

FR. CHÈVREUX, SUP. GÉN.

([1]) L'archevêque de Paris, qui avait succédé à Chr. de Beaumont, était Antoine-Eléonore-Léon Le Clerc de Juigné, né en 1728 et évêque de Châlons-sur-Marne de 1764 à 1781.

([2]) En tête de la lettre, on lit cette note : « Le supérieur général de la congrégation de Saint-Maur annonce toute sa satisfaction d'avoir pu concourir avec M. le D. G. à dissiper les impressions fâcheuses répandues contre dom Malaret et son empressement à se prêter aux vues des religieux dans tout ce qu'il jugera convenable de faire pour honorer la mémoire et les tombeaux de nos rois. »

Cependant, malgré les obstacles, malgré les difficultés de toute nature qui s'opposaient à l'exécution du projet et dont la plus grave était incontestablement la pénurie du trésor royal, les négociations avaient été reprises et semblaient même sur le point de recevoir une solution définitive, le roi avait consenti à se charger des dépenses, quand les événements politiques vinrent de nouveau ajourner l'exécution des travaux. C'est ce que nous apprend la suite de la correspondance de M. d'Angiviller.

XLVII. — *Note sur les tombeaux de Saint-Denis.*

MONUMENT A ÉTABLIR ([1]).

Pièces pour la conférence que M. le directeur général des bâtiments est chargé par le roi de tenir avec M. l'évêque d'Autun, sur les moyens de finances ([2]).

1° Mémoire sur l'objet;

2° Apperçu de la dépense;

3° Plan de l'état ancien et encore subsistant des caves sépulchrales ;

4° Plan de nouvelles caves et chapelles à établir pour introduire une décence et une majesté convenables à l'objet;

5° Procès-verbal de l'état de tous les tombeaux et monuments que contient l'église de l'abbaye. Ce procès-verbal, arrêté en l'abbaye, le 5 may 1781, avec le concours des religieux, par M. le directeur général, assisté des officiers de son département et de plusieurs autres artistes.

Du 11 mars 1787.

([1]) Cette note autographe est peut-être de M. d'Angiviller lui-même.

([2]) En marge de la pièce on lit cette note : « La conférence a eu lieu et n'a produit que des difficultés. Le 4 mars 1787 M. le D. G. en a rendu compte au roy. »

Les plans qui portoient les n°s 3 et 4 de cette liasse ont été portés au roy par M. le directeur général, sur la demande qu'en a faitte Sa Majesté, en recevant et gardant, le 4 mars, une feuille relative au projet d'établissement funéraire dont M. d'Autun refuse les moyens demandés (¹).

XLVIII. — *Mémoire sur le projet des tombeaux de Saint-Denis.* (²)

L'église de l'abbaye royale de Saint-Denis, consacrée depuis tant de siècles à être le dépôt des cendres de nos rois, n'offre depuis longtems à la nation et aux étrangers voyageant en France, qu'un monument, sinon précisément indécent, du moins trop au-dessous de la majesté et du caractère important qui devroient distinguer la sépulture des souverains d'une nation qui l'emporte sur toutes les autres par son amour pour ses maîtres et son respect pour leur mémoire.

Les réflexions que M. le comte de Maurepas avoit faites sur cette matière et qui ont été examinées en 1781 avec feu M. de Beaumont, archevêque de Paris, avoient dès lors fixé l'attention de Sa Majesté qui, d'après des considérations particulières, jugea à propos de suspendre l'exécution de ses vues.

Les motifs de suspension ne subsistant plus, Sa Majesté

(¹) L'évêque d'Autun est alors Yves-Alexandre de Marbeuf, né en 1734 et sacré en 1767.

(²) En marge de cette pièce on lit la note suivante qui en indique la destination : « Le 19 janvier 1787, veille de conférence convenue avec M. l'évêque d'Autun, remis à M. le D. G. copie de cette feuille et de l'aperçu de dépense cy-inclus : Plan de l'état actuel des caves ; Plan du projet de nouvel établissement ; Copie du procès-verbal d'état des lieux dressé par M. le D. G. en l'abbaye de Saint-Denis, le 5 mai 1781.

s'est fait représenter, en septembre dernier ([1]), les mé-
moires, projets et plans proposés dès 1781 ; et elle a
pensé que le caractère religieux qui est propre au monument dont il s'agit, la conduisoit à assigner les dépenses
nécessaires à sa construction sur les revenus à tenir en
œconomat, pendant un certain nombre d'années, d'une
abbaye quelconque qui, pouvant rendre annuellement
60 à 80,000# que les œconomats verseroient dans la
caisse des bâtiments, donnera les ressources suffisantes
pour l'exécution dans le cours de 8 à 10 années, calculé
à environ 600 mille livres.

Sa Majesté a d'autant plus tôt adopté ce procédé qu'elle
en a trouvé l'exemple dans ce qui a été fait pour la construction de l'église de Choisy.

En conséquence, et par sa décision du 24 octobre 1786,
elle a autorisé le directeur général des bâtimens à se
concerter avec M. l'évêque d'Autun, pour hâter l'entreprise et en assurer invariablement l'exécution, soit par
la destination spéciale des revenus d'une abbaye, soit par
l'assignat sur la caisse des œconomats d'une somme de
600 à 650 mille livres qui seroit versée dans la trésorerie
des bâtimens, graduellement et pendant une révolution
convenue, mais qu'il est intéressant de prolonger le
moins possible, eu égard au monument dont il est question.

Le directeur général des bâtimens connoit trop la
façon de penser de Monsieur l'évêque d'Autun pour ne
pas mesurer son empressement sur un objet qui honore
le cœur de Sa Majesté, en même tems qu'il est destiné à
consacrer un vœu national.

([1]) En note, on lit ceci : « Sur l'exposé porté sous les yeux du roi le 24 octobre
1786, Sa Majesté a ordonné de combiner les arrangements et, pour cet effet, elle
a écrit de sa main sur le mémoire : « En parler à M. d'Autun. »

Nous donnons ci-après, sous le n° XLIX, l'aperçu de dépense mentionné dans cette note, et, sous le n° L, un projet de distribution des tombeaux de la maison de Bourbon qui se trouvait joint aux plans.

XLIX. — *Apperçu des estimations rédigées par feu M. Peyre aîné, architecte du roi, pour la construction dans l'abbaye royale de Saint-Denis, d'un monument funéraire pour la famille.*

Les grosses constructions en maçonnerie principale et accessoires, y compris charpente, ci..... 314,000 ₶
Les marbres......................... 180,000 ₶
Les stucs.......................... 55,000 ₶
Les plombs employés en décorations.... 10,000 ₶
Les bronses........................ 12,009 ₶
Menuiserie, serrurerie, vitrerie, peinture
d'impression........................ 10,000 ₶
Objets imprévus ou suplément à estimations trop foibles.................... 50,000 ₶
                                        —————
                                        631,000 ₶

L. — *Disposition des tombeaux des rois de la maison de Bourbon à Saint-Denis.*

1° Chapelle de Henry IV ([1]).

Henry IV.............................. 1
Marie de de Médicis.................... 1
                                        ——
            A Reporter.......... 2

[1] Ces chapelles étaient placées dans la crypte, au-dessous des chapelles du chœur. La partie centrale du rond-point était occupée par un sarcophage de marbre contenant la dépouille mortelle du dernier roi décédé. On peut se reporter d'ailleurs au projet de Peyre donné plus haut.

REPORT....... 2
Gaston duc d'Orléans..................... 1
Ses deux femmes....................... 2
Henriette, femme de Charles Ier, roi d'Angle-
terre 1
N..., fille de Gaston..................... 1

Grands cercueils........ 7
3 enfants, ci................... 3
TOTAL................. 10

2° CHAPELLE DE LOUIS XIII.

Louis XIII............................... 1
Anne d'Autriche.......................... 1
Philippe d'Orléans 1
Henriette Stuart, sa 1re femme.............. 1
Elisabeth, sa 2e femme................... 1

Grands cercueils 5
3 enfants, ci................... 3
TOTAL................. 8

3° CHAPELLE DE LOUIS XIV.

Louis XIV 1
Marie Thérèse d'Autriche................. 1
Le Régent............................... 1

Grands cercueils 3

4° CHAPELLE DU GRAND DAUPHIN.

Le grand Dauphin........................ 1
Son épouse.............................. 1

A REPORTER....... 2

REPORT......... 2

Le duc de Bourgogne..................... 1

Son épouse............................. 1

Le duc de Berry........................ 1

Son épouse............................. 1

Grands cercueils........ 6

5° CHAPELLE DES ENFANTS DU DAUPHIN.

1er duc de Bretagne..................... 1

2e duc de Bretagne..................... 1

Anne-Elisabeth......................... 1

Marie-Anne............................. 1

Philippe d'Anjou....................... 1

Marie-Thérèse.......................... 1

Louis d'Anjou.......................... 1

N..., fille du duc de Berry............ 1

Duc d'Alençon.......................... 1

Charles de Berry....................... 1

Enfants.............. 10

6° CHAPELLE DE LOUIS XV.

Louis XV............................... 1

La reine son épouse.................... 1

La 1re Dauphine........................ 1

Mme Henriette.......................... 1

Mme de Parme........................... 1

Grands cercueils........ 5

Les trois dames vivantes......... 3

TOTAL.................. 8

Duc de Bourgogne...................	1	
Duc d'Aquitaine....................	1	
Marie de France...................	1	6
Marie Thérèse....................	1	
Duc d'Anjou......................	1	
Louise...........................	1	

ENFANTS...... 6

TOTAL................. 14

Les cœurs de M. le Dauphin et de madame la Dauphine 2ᵉ........................... } 2

TOTAL................. 16

LI. — *Lettre de dom Malaret au comte d'Angiviller.*

Saint-Denis, 26 juin 1787.

Monsieur le Comte,

Lundy, 18 du courant, je fus à Versailles et j'eus le malheur de ne pas vous trouver. J'eus encore celuy d'être obligé de repartir d'abord, Madame Sophie de France se trouvant à l'extrémité, on m'avoit dit que de suite après sa mort, on transporteroit son corps à Saint-Denis.

Je désirois ardemment d'avoir l'honneur de vous offrir mes respectueux hommages, et de sçavoir l'état de votre santé, pour laquelle je ne cesse de faire des vœux.

Je n'ay pas ignoré les sourdes menées d'une cabale, ni les tracasseries qu'elle a voulu vous susciter. J'en ay été cruellement affecté. Comment, disois-je, se peut-il que le mérite le plus réel, la probité la plus exacte, les talents les plus distingués, toutes les qualités du cœur et de l'esprit ne mettent pas à l'abri de ses odieux traits?

Heureusement elle a été confondüe et je m'en réjouis de bon cœur.

Je crois, Monsieur le Comte, devoir vous faire part de ce que nous dit hier, jour du service de la feü reine, madame la maréchale de Mouchi. Elle nous donna comme décidé qu'on devoit incessament construire, à Saint-Denis, un magnifique caveau pour la sépulture de nos roys, que les plans et les devis en avoient été dressés et que, pour fournir à cet objet, on donneroit pendant quelques années la pension de quatre vingt mille livres, que Sa Majesté avoit accordée à M. l'abbé de Bourbon sur les œconomats.

Mes confrères présens dirent qu'ils n'en avoient point entendu parler ; pour moy, je garday le plus profond silence, mais je conclus qu'on s'occupoit du projet et que malgré le nouveau systeme d'œconomie, il pourroit enfin avoir son exécution. Il me tarde bien, Monsieur le Comte, d'apprendre cette bonne nouvelle et de recevoir vos ordres pour préparer le local ; ma satisfaction seroit complette et elle égalleroit le profond respect avec lequel

J'ay l'honneur d'être, etc.

D. MALARET.

LII. — *Lettre de dom Malaret au comte d'Angiviller.*

Saint-Denis, 16 mars 1788.

Monsieur le Comte,

Dois-je vous laisser ignorer qu'on travaille à force aux plans et aux desseins pour les tombeaux des rois et que l'ouvrage est presque fini ? Non, sans doute, vous me blameriés. C'est le sieur Thieriot dont j'ay eu l'honneur de vous parler et que j'ay vu ces jours derniers qui me l'a dit bien positivement. C'est luy-même qui a chargé de cette besogne le sieur Lemoine, architecte.

Si le sieur Thieriot met du zèle au projet, c'est parce que le ministre principal ([1]) luy a dit que, non seulement il l'approuvoit ; mais qu'il en désiroit encore l'exécution.

J'espère cependent que son entreprise n'aura pas des suites, et que M. l'archevêque de Sens ne décidera pas une affaire qui est de votre seul ministère. Je serois bien fâché qu'il en fût autrement et d'avoir affaire à autre qu'à vous, Monsieur le Comte ; les ordres qui pourroient venir d'ailleurs ne seroient pas reçus avec plaisir ni exécutés avec autant d'interest.

D'après la façon de penser connüe de M. l'archevêque de Sens, je ne doute pas, M. le Comte, que si vous vouliés vous donner la peine de conférer un moment avec le prélat, dans l'instant tout ne fût conclu et les fonds assignés. La somme de 50 à 60.000 # annuellement pendent quelques années suffiroient pour conduire l'ouvrage à sa perfection.

Je souhaiterois bien que cette affaire fût terminée avant la tenüe de notre chapitre général qui doit avoir lieu après Pâques. J'ay bien des raisons pour cella. Je sçay, d'ailleurs positivement qu'il est un seul mois dans l'année, et c'est le mois de mars, où l'on assigne les fonds pour les édifices sacrés, et le mois de mars est à moitié passé ; ceci demande d'autant plus de célérité que, le mois expiré, il faudroit attendre à l'année prochaine.

Je me persuade, Monsieur le Comte, que l'exécution du projet tient à cette entrevüe avec M. l'archevêque de

([1]) Charles de Loménie de Brienne, qui avait remplacé, en 1788, à l'archevêché de Sens, Paul d'Albert de Luynes, le doyen des évêques de France. On sait dans quelles circonstances il remplaça M. de Calonne.

Sens, ce sera une dernière démarche ; aussi je ne doute pas que vous ne vous décidiés à la faire. Les cendres de nos rois l'attendent de votre amour pour leur gloire.

J'ay l'honneur d'être, avec le plus profond respect, etc.

D. A. MALARET.

La cure de Crouï, que M. votre frère demendoit pour un de ses protégés, n'est pas encore vaquante, le curé vit encore. Monseigneur le duc d'Orléans l'a demendée ; il croyoit le curé mort.

LIII. — *Lettre de dom Malaret au comte d'Angiviller.*

Monsieur le Comte,

Chaque jour, je projettois le voyage de Versailles pour avoir l'honneur de vous offrir mes respectueux hommages et vous faire part du résultat de notre chapitre ; mais, jusqu'à ce moment, il m'a été absolument impossible de l'effectuer.

J'auray donc l'honneur de vous dire, Monsieur le Comte, que notre Assemblée générale a jugé à propos de me donner la seconde place de la Congrégation en me nommant premier assistant de notre général, dom Chevreux, le même qui l'étoit avant le chapitre. Quoyque cette place soit supérieure à celle que j'occupois, j'aurois cependant resté volontiers prieur à Saint-Denis, où jusqu'à la vacance, j'aurois pu être encore en cette qualité pendent deux ans et quelques mois. Le projet des tombaux me tient toujours fortement à cœur ; c'est le seul et unique motif que j'avois d'être continué ici prieur.

(¹) En marge de cette lettre on lit : « Répondu le 10, pour témoignage de satisfaction, d'intérêt et d'amitié. »

Je vais demeurer à l'abbaye de Saint-Germain-des-Prés à Paris, ce qui me flatte d'autant plus que j'ose espérer de votre bonté qu'il me sera permis de vous renouveller de temps en temps le très profond respect avec lequel

·J'ay l'honneur d'être, etc.

D. MALARET.

Saint-Denis, 6 septembre 1788.

LIV. — *Lettre du comte d'Angiviller à dom Malaret, premier assistant du R. P. général de l'ordre de Saint-Benoît à Saint-Germain-des-Prez.*

Versailles, 10 septembre 1788.

Les sentimens d'estime et d'amitié que je vous ai voués, mon Révérend Père, ne me laissent que le sentiment de la plus entière satisfaction en vous voyant appellé par le vœu commun de votre ordre à une des places les plus distinguées de son régime. Vous la remplirez sûrement avec autant d'utilité que d'édification. Elle vous met à portée de seconder les travaux d'un général dont la nouvelle nomination, dans le chapitre qui vient de se tenir, est un témoignage bien positif de l'estime et de la vénération auxquelles il a tant de droits. Forcés, comme nous le sommes tous, de renvoyer à des tems moins malheureux l'intéressant projet des tombeaux de Saint-Denis, ne les perdons point de vue et appliquons-nous, autant qu'il sera possible, à ménager les moyens de succès. Je profiterai avec grand plaisir de tous les momens que vos occupations vous permettront de me donner pour vous renouveller l'assurance de tout l'attachement avec lequel j'ai l'honneur d'être, mon Révérend Père, etc.

LV. — *Dernière lettre de dom Malaret au comte d'Angiviller* (¹).

Paris, 17 septembre 1790.

Monsieur le Comte,

J'apprends que la maison de Saint-Denis, dont je redoutois l'abandon ou la destruction, sera conservée, et que sa conservation sera dûe à la piété et au respect de notre bon roy pour la mémoire de ses ancêtres et celle des héros qui y sont ensevelis.

Quoyque cette conservation ne doive pas vraisemblablement intéresser mon personnel, la nouvelle en est venue bien à propos pour ma satisfaction; mon âme, flétrie par notre suppression et par la misère à laquelle on nous dévoüe, mais plus encore par le renversement total de tout ce que les siècles avoient si solidement établi et si constament respecté, n'avoit eu, jusqu'à ce moment, d'autres sentimens que ceux qui sont la suite nécessaire des évènemens aussi inouis et aussi désastreux.

Le roy annonce que son intention, en conservant Saint-Denis, est de remplacer les religieux chargés jusqu'à présent de prier sur ces illustres mausolées, par un corps d'ecclésiastiques assés nombreux pour remplir avec décence ce service et celuy de l'Oratoire de Sa Majesté dans ses diverses résidences.

Sa Majesté vouloit d'abord consacrer à cet établisse-

(¹) En marge de cette lettre, suivant l'habitude, un des commis des bâtiments a résumé les objets qui y sont traités; voici cette analyse : « Dom Malaret prend son texte de la conservation de la maison de Saint-Denis pour proposer l'établissement d'un chapitre et d'une compagnie de gardes invalides pour les tombeaux : il développe son plan, ses moyens mesurés sur les revenus de l'abbaye qu'il désireroit que le roi se réservât et sur le restant net de ces mêmes revenus. Il renouvelle sa demande de la restauration des tombeaux en indiquant un nouveau plan bien fait, plus détaillé, moins dispendieux que ceux qui ont paru et dû aux lumières d'un artiste honnête, doué d'une brillante imagination et qui ne l'avait dressé que pour sa propre satisfaction. »

ment le revenu des biens ecclésiastiques enclavés dans les domaines; mais, depuis il a renoncé à toutes dispositions de ces biens, sans cependant abandonner la pieuse fondation qu'il projette.

Il est un moyen qui faciliteroit ce projet, ce seroit que le roy se réservât tous les revenus dont jouissoient les religieux de Saint-Denis; seuls ils suffiroient et peut-être au-delà pour fonder avec une munificence vraïment royale l'établissement que le roy se propose.

Permettés moy, Monsieur le Comte, d'avoir l'honneur de vous présenter mes vües là-dessus.

Je pense que ce corps d'ecclésiastiques devroit être composé de cinquante membres.

Si le roy, pour donner de la dignité à ce corps, vouloit en distinguer quelques membres, on y établiroit un doyen, un sous-doyen, un grand chantre, un trésorier, un sacristain et un maître des cérémonies, tous officiers nécessaires pour le service de cette église.

Je pense encore qu'il seroit très conveñable à la piété et au respect qu'on doit aux cendres de nos souverains et de ces héros qui reposent dans ce sanctuaire, qu'une compagnie d'invalides, composée de vingt hommes et commendée par deux officiers, fût habituellement fixée à Saint-Denis, à qui la garde en seroit confiée et le jour et la nuit.

Le premier supérieur de ce corps ecclésiastique seroit de droit M. le grand aumônier qui veilleroit au maintien de l'ordre et de la discipline.

Quand au temporel, le ministre nommé par le roy en auroit seul l'administration et le chargé de la régie rendroit ses comptes à luy seul.

Ce chargé par le ministre acquiteroit les charges, fourniroit aux frais du culte et pour l'entretien des bâtimens, donneroit tous les trois mois à chaque membre du corps ecclésiastique le quartier de son honoraire, et chaque mois la solde aux officiers et soldats invalides.

Il seroit bien à désirer, Monsieur le Comte, que cet objet fût dans votre département, il ne peut en être convenablement séparé.

Toutes ces sommes payées, il en resteroit encore pour commencer et finir la restauration des tombeaux que la décence et l'honneur dû à des dépouilles précieuses nécessitent depuis long-temps.

Voici mon aperçu :

Le revenu de Saint-Denis monte annuellement à.. 291,184 # 18 *s*

A retrancher pour les dixmes supprimées................... 35,000 #

Plus pour charges, culte, batimens............... 80,000 #

115,000 #

RESTE NET......... 176,184 # 18 *s*

Sur quoy pour un doyen.	4,000 #	
Pour un sous-doyen.....	3,500 #	
Le grand chantre.......	3,000 #	
Le trésorier...........	3,000 #	
Le sacristain..........	3,000 #	
Le maître des cérémonies	3,000 #	137,722 # 10 *s*
44 ecclésiastiques à 2,400	105,600 #	
Invalides 1er officier.....	2,000 #	
2e officier.....	1,500 #	
20 soldats à 456 # 2 *s* 6 *d*.	9,122 # 10 *s*	

DERNIER NET......... 38,462 # 8 *s*

Cet excédant de 38,462 # 8 s. pourroit être annuelle-

8

ment consacré à la restauration des tombeaux et, en très peu d'années l'ouvrage arriveroit à sa perfection.

J'ay vü depuis peu un plan très bien fait, plus détaillé et moins coûteux que ceux qui ont paru. Il est simple, mais beau, convenant parfaitement à la chose. L'autheur est un architecte honnète, doué d'une belle imagination qui ne l'avoit dressé que pour sa satisfaction.

Cependant, Monsieur le Comte, si vous adoptiés cet aperçu, je pense qu'il seroit à propos de se procurer des renseignemens plus précis des revenus et des charges de Saint-Denis ; le travail ne seroit ni long ni difficile.

J'ay l'honneur d'être, avec un profond respect, etc.

D. MALARET,

Abbaye Saint-Germain.

Il faut avouer, après la lecture de cette lettre, que dom Malaret ne se décourageait pas facilement dans ses entreprises. Décidément, l'affaire lui tenait à cœur. D'ailleurs, il put voir une partie de ses idées réalisées, puisqu'il ne mourut qu'à la fin de 1793. A cette époque, les monuments de la barbarie que les religieux avaient laissé mutiler et dégrader n'encombraient plus le chœur de Saint-Denis et n'offraient plus un spectacle *indécent* ou *hideux*.

FIN.

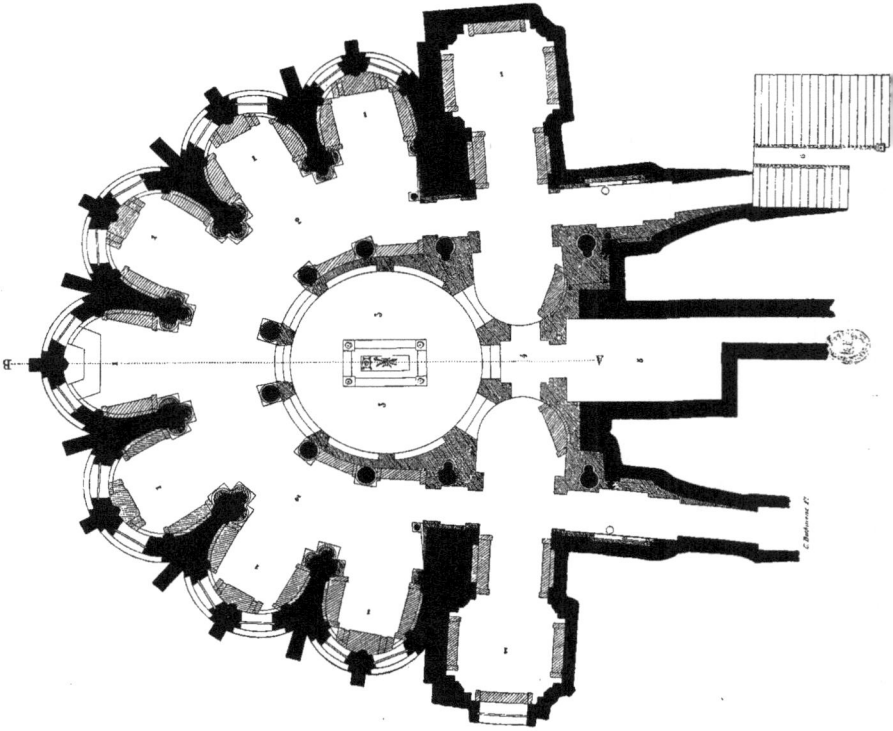

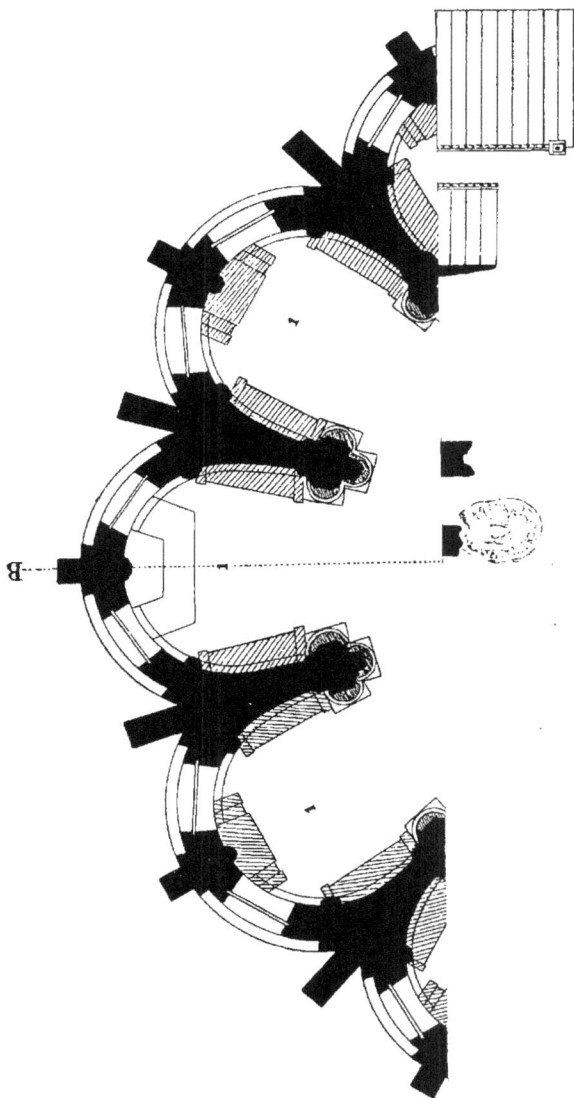

Planche 1.

NOTE

SUR LE PLAN ET LES PROJETS DE DÉCORATION
DE LA CRYPTE DESTINÉE A LA SÉPULTURE DE LA MAISON
DE BOURBON.

Le dossier qui nous a fourni la plupart des documents qu'on vient de lire, renferme aussi un plan et deux projets pour la transformation de la crypte de Saint-Denis en sépulture de la maison de Bourbon. L'un de ces dessins n'a qu'une importance tout-à-fait secondaire. C'est probablement le projet de Guillaumot, annoncé dans la lettre du 30 avril publiée plus haut sous le n° XXII. L'autre croquis, bien autrement important, est, à n'en pas douter, le projet présenté par Peyre, adopté par M. d'Angiviller et dont la pièce XXIII renferme la description détaillée. Les dessins originaux sont coloriés et nous regrettons de n'avoir pu garder dans notre reproduction l'étrange aspect que le mélange de bronzes et de marbre blancs, noirs ou jaunes donne à cette nécropole. Nous avons fait réduire les dessins de moitié ; cette dimension suffira pour donner une idée précise de la décoration, surtout avec le secours du commentaire imprimé p. 56 et 57 de cette notice.

Plan : La ligne ponctuée A-B, qui traverse le plan, indique dans quelle direction est faite la coupe du projet de Peyre.

Immédiatement après le caveau d'attente (n° 5), où était déposé le cercueil du dernier souverain décédé, une arcade donne entrée à un étroit couloir voûté (n° 4) qui permet de faire le tour de la crypte.

En suivant cette ligne ponctuée on descend par trois marches dans une salle ronde (n° 3) au milieu de laquelle s'élève un sarcophage de marbre noir, élevé de deux marches au-dessus du sol du caveau, et flanqué aux quatre coins de quatre cassolettes de bronze dans le goût du temps.

Ce caveau central communique à la nef circulaire (n° 2) par six ouvertures ou arcades; sous chaque arcade, trois marches. Quatre autres arcades correspondant aux deux flancs du sarcophage central sont fermées par un mur couvert d'inscriptions pieuses.

Plus loin, la ligne A-B traverse la nef circulaire et entre dans la chapelle absidale (n° 1) où elle coupe en deux l'hôtel de la crypte, sur lequel des messes devaient être dites tous les jours.

Les neuf chapelles funéraires sont indiquées par le n° 1 ; les deux premières sont fermées par un mur droit, les sept autres par une abside arrondie. Ces dernières seulement seront éclairées par deux œils-de-bœuf, les deux chapelles rectangulaires devant rester sans jour et sans air.

On a vu par la pièce qui porte le n° L comment on entendait répartir entre ces chapelles les quarante-huit cercueils que contenait déjà la crypte de Saint-Denis.

Deux escaliers, placés à droite et à gauche du chœur, dont un seulement est tracé (n° 6) donnent accès à la crypte. Comme le marque la description du projet, l'étroit passage qui aboutit au caveau des cérémonies (n° 5) sera conservé pour le cas où l'on voudrait se conformer à l'ancien cérémonial.

Le projet de Peyre dit que la crypte ainsi disposée contiendrait cent soixante cercueils. Le plan n'indique que cent quarante-quatre places. En effet, en entassant quatre cercueils les uns sur les autres et en plaçant trois monuments dans chacune des chapelles, un au fond, deux sur les côtés, une chapelle renfermerait douze cercueils ; les huit premières chapelles en contiendraient par conséquent quatre-vingt-seize et la chapelle absidale huit seulement, puisque la paroi du fond est occupée par l'autel.

On trouve encore l'emplacement de dix monuments composés chacun de quatre cercueils superposés, à savoir : quatre à l'entrée des deux chapelles carrées, deux dans le passage en fer à cheval qui précède le caveau central, enfin quatre autres dans la nef, adossés aux murs pleins des arcades latérales de ce caveau.

Tout cela ne fait que cent quarante-quatre cercueils, et, à moins de placer les seize autres dans les passages, ou au milieu

PROJET DE PEYRE.

PROJET DE GUILLAUMOT.

C. Belbmont f.t

des chapelles, je ne vois pas comment Peyre pouvait en faire tenir cent soixante dans la crypte.

Projet de Peyre : Après avoir traversé l'arcade qui fait communiquer l'ancien caveau des cérémonies avec la crypte, puis la nef circulaire, on descend par trois marches dans le caveau central. Sous chacune des six arcades qui communiquent à la nef centrale, comme sous celles qui donnent entrée aux chapelles, sont allumées des lampes de bronze.

Au milieu du caveau s'élève le sarcophage de marbre noir sur deux marches de marbre de même couleur, décoré d'un simple drap relevé aux quatre angles. Sur le sarcophage reposent, à la tête, la couronne royale sur un coussin ; au milieu, le sceptre, l'épée et la main de justice. Aux quatre angles du monument quatre cassolettes basses laissent exhaler des parfums.

Les piliers du caveau sont recouverts de draperies en plomb imitant le bronze ; la voûte en forme de coupole surbaissée est de stuc, décorée de caissons sculptés en stuc jaune.

Le sol de la chapelle ardente, comme celui de toute la crypte, est recouvert d'un dallage de marbre blanc et noir. On aperçoit sous les arcades latérales revêtues de marbre noir des inscriptions qui commencent par la dédicace consacrée : D. O. M.

Au sortir du caveau central nous apercevons dans le passage circulaire les chapiteaux et les bases de marbre blanc, tandis que le fût des colonnes est caché sous une draperie de plomb bronzé.

Toutes ces couleurs sont soigneusement indiquées sur le plan original, dont nous regrettons de ne pouvoir donner qu'une idée affaiblie. Évidemment l'architecte et le directeur des bâtiments comptaient beaucoup sur ce singulier mélange de marbres blancs, noirs et jaunes.

Les arcades nous apparaissent décorées de grecques ou de caissons en stuc jaune dont le dessin est emprunté à l'architecture alors en faveur. Enfin nous apercevons dans la chapelle absidale les quatre cercueils superposés, avec leurs draperies de plomb bronzé, rangés comme les rayons d'une bibliothèque et séparés par des tablettes de marbre dont les montants sont ornés de petites urnes antiques.

Sur la draperie de chaque cercueil, une inscription rappelle les noms du prince qu'il renferme. Au-dessus des cercueils un cartouche rond, à la hauteur des œils de bœuf, renferme une inscription, probablement une prière. Enfin, au fond de la chapelle absidale, la coupe montre le profil de l'autel accompagné de chaque côté d'un œil de bœuf.

Projet de Guillaumot : Nous laissons sous le nom de l'architecte chargé de la visite des tombeaux de Saint-Denis ce second projet, bien que notre attribution ne repose que sur des conjectures.

On ne sait trop où l'architecte plaçait les cercueils des rois et des princes ; tout est sacrifié au caveau central qui présente bien plus d'élévation que dans le projet précédent. Au lieu de trois marches, ici nous en comptons dix. Évidemment l'architecte, sans se préoccuper de la solidité de l'église sous laquelle il travaille, comptait creuser de cinq ou six pieds au moins le sol de la partie centrale de la crypte pour donner plus d'élévation, plus d'importance à sa pyramide décorée de faisceaux et surmontée de la couronne royale.

Je n'insisterai pas davantage sur un projet qui, à tous égards, n'a qu'un intérêt de curiosité. N'est-il pas singulier qu'un artiste qui se donnait libre carrière, car il n'hésite pas à baisser le sol de la crypte, au risque d'ébranler l'édifice, n'ait pu imaginer autre chose qu'un assemblage informe de décorations funéraires des plus banales et des plus vulgaires.

Y a-t-il rien dans les projets dont nous venons de donner une idée aussi précise que possible, qui puisse inspirer le moindre regret ?

Enfin avions-nous tort de demander en commençant si les hommes qui ont détruit la chapelle des Valois pour orner leurs jardins de ses débris, qui avaient prononcé si légèrement la proscription de toutes les tombes du chœur de Saint-Denis, ont le droit d'adresser des reproches aux révolutionnaires qui eurent du moins le tact de conserver dans un intérêt historique des monuments condamnés comme barbares par les artistes les plus renommés de leur temps, et voués à la destruction, comme encombrants, par leurs propres gardiens.

TABLE DES MATIÈRES

FIN DE LA TABLE

ÉPERNAY. — IMP. L. DOUBLAT.

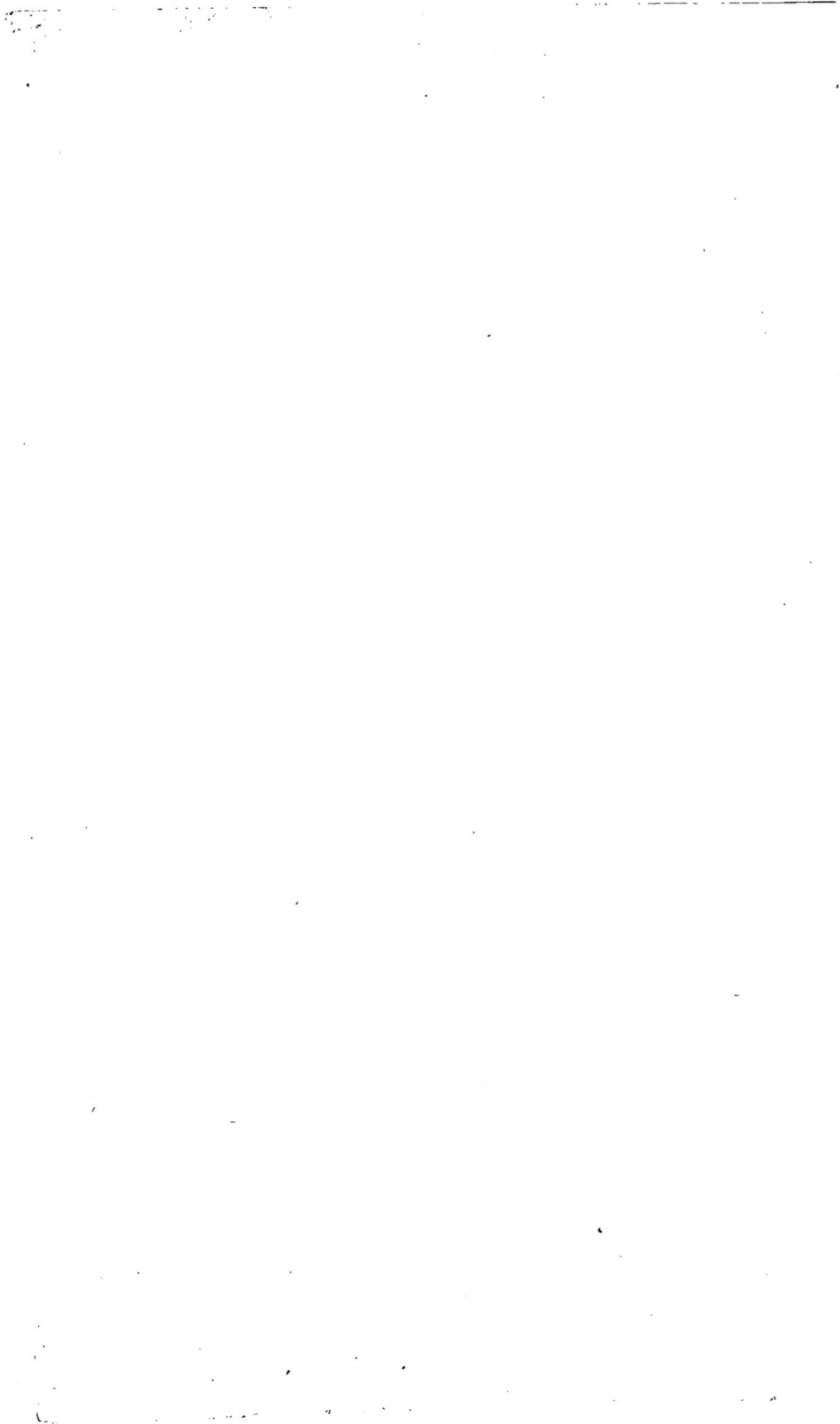

Alphabet orné, composé et gravé par Caulo. Suite de 27 planches gr. in-4°, imp. en bistre.............. 13 fr. 50

Voltaire (Exhumation de)., par A. Babeau. *Troyes*, 1874. In-8° de 11 p.

Garin, le Loherain, chanson de geste composée au XIIe siècle par Jean de Flagy, mise en nouveau langage par Paulin Paris, membre de l'Institut. *Paris*. In-12 de 400 p.... 4 fr.

Histoire de la grande guerre des Lorrains et Messins contre les Bordelais, dont l'action se passe en Bourgogne, Champagne et Picardie. — Délivrance de PARIS, SENS, SOISSONS, TROYES. — Prise de GRANCEY, LANGRES, CHATEAUVILAIN. — Siége et chevauchée de SAINT-QUENTIN. — Événements de GUYENNE. — L'ouvrage est complété par de bonnes tables des noms de lieux et de personnes.

Hôtel-de-Ville de La Ferté-Bernard (Sarthe), par L. Charles. *Caen*, 1869. In-8° de 9 p. Figures.......... 1 fr.

Statue (une) de Louis XV exécutée par J.-B. Lemoyne pour la ville de Rouen, par L. Courajod. 1875. Gr. in-8° de 14 p. Figure......................... 2 fr.

Etude sur l'hôtel-de-ville de St-Quentin, par Gomart, 1858. In-8°, br............................ 75 cent.

Fête (la) de l'arquebuse à Saint-Quentin, par Gomart. S. L. N. D. br. in-8° .... 1 fr. 50

Chroniques de la paroisse et du collége de Courdemanche, au Maine, par l'abbé Charles *Mamers*, 1876. In-8° de 36 p. planche......................... 2 fr.

Dictionnaire des fiefs, seigneuries, châtellenies de l'ancienne France, contenant les noms des terres et ceux des familles qui les ont possédées, leur situation provinciale, dates de possession, transmission, érection de terres titrées, etc., par GOURDON DE GENOUILLAC. Beau volume in-8° de 566 p., broché.......................... 5 fr. 50

Epernay. — Imp. L. Doublat.

... Étranger, ...

... ADMIS

... beaux-arts et littérature, publi...
... membres de sociétés savantes de ...
... le 1ᵉʳ et le 15 de chaque ...
... d'un an et courent à partir du 1ᵉʳ ...
... elle ils sont souscrits. Le prix en ...
... able comptant. Au commencement de ch...
... journal est continué et, si on ne le ...
... considéré comme renouvelé et exig...

ON S'ABONNE À NOTRE LIBRAIRIE.

CONDITIONS DE LA SOUSCRIPTION

AU

...NET HISTORIQUE

...-MENSUELLE. — XXIᵉ ANNÉE

...TORIQUE paroit tous les mois, par cahie...
...orique et catalogue, contenant l'indicatio...
... chon.

PRIX DE L'ABONNEMENT :

... . 12 fr.
... DÉPARTEMENTS .... 14 fr.
... L'ÉTRANGER, le port en sus.

... NE PEUT ÊTRE VENDUE SÉPARÉMENT

... et les envois d'argent doivent être adress...
... Rue S.-Henri Menu, au nom de qui ser...

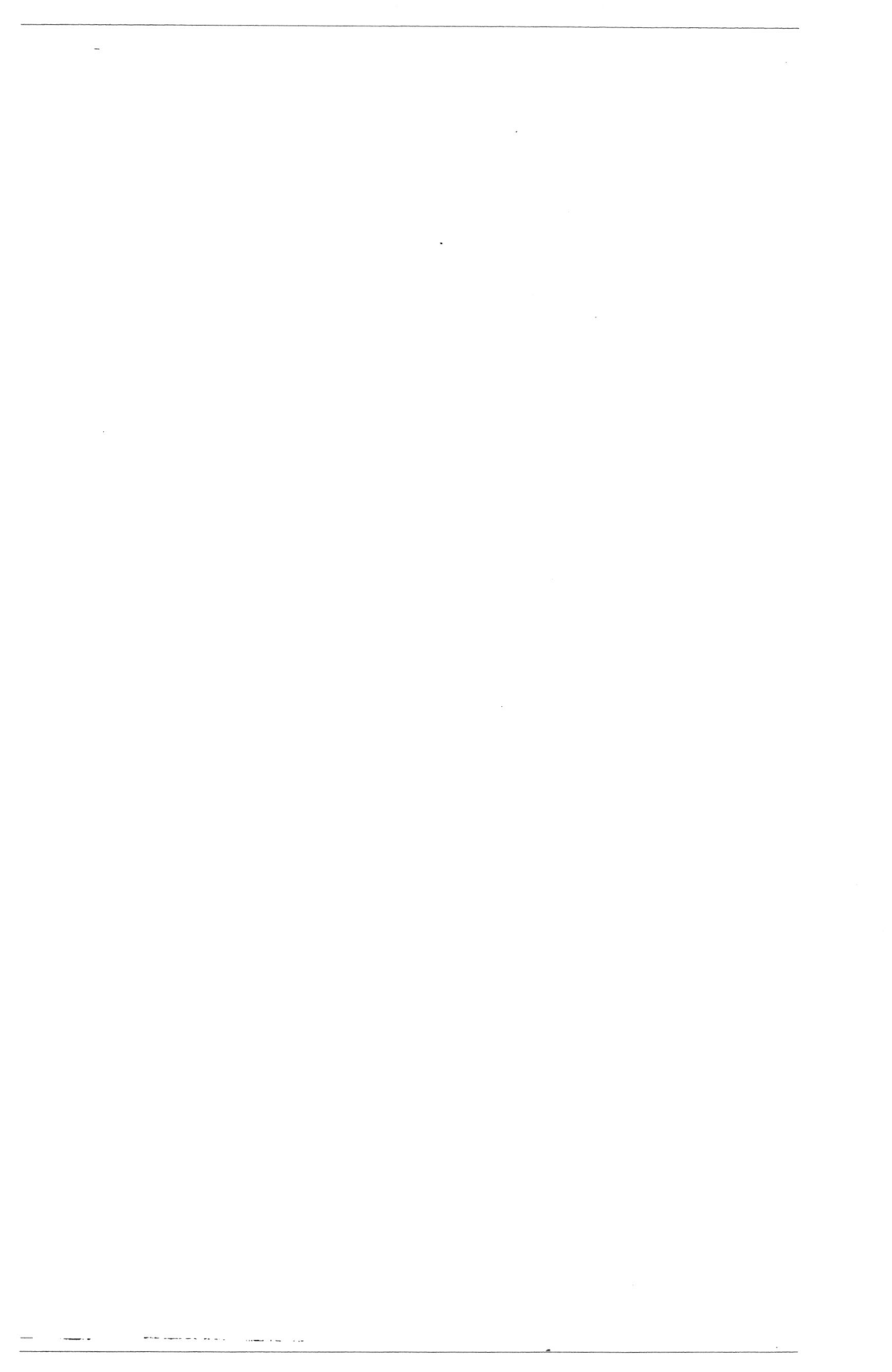

www.ingramcontent.com/pod-product-compliance
Lightning Source LLC
Chambersburg PA
CBHW071811090426
42737CB00012B/2044